Jasper · Prüfungsvorbereitung BWL

Dirk Jasper

Prüfungsvorbereitung BWL

– in programmierter Form

2., überarbeitete und erweiterte Auflage

GABLER

Die Deutsche Bibliothek – CIP-Einheitsaufnahme

Jasper, Dirk:
Prüfungsvorbereitung BWL in programmierter Form / Dirk Jasper. – 2., überarb. und erw. Aufl. – Wiesbaden : Gabler, 1997
ISBN 3-409-29745-6
NE: HST

1. Auflage 1995
2., überarbeitete und erweiterte Auflage 1997

Der Gabler Verlag ist ein Unternehmen der Bertelsmann Fachinformation.

© Betriebswirtschaftlicher Verlag Dr. Th. Gabler GmbH, Wiesbaden 1997
Lektorat: Brigitte Stolz-Dacol

Das Werk einschließlich aller seiner Teile ist urheberrechtlich geschützt. Jede Verwertung außerhalb der engen Grenzen des Urheberrechtsgesetzes ist ohne Zustimmung des Verlags unzulässig und strafbar. Das gilt insbesondere für Vervielfältigungen, Übersetzungen, Mikroverfilmungen und die Einspeicherung und Verarbeitung in elektronischen Systemen.

Höchste inhaltliche und technische Qualität unserer Produkte ist unser Ziel. Bei der Produktion und Verbreitung unserer Bücher wollen wir die Umwelt schonen: Dieses Buch ist auf säurefreiem und chlorfrei gebleichtem Papier gedruckt. Die Einschweißfolie besteht aus Polyäthylen und damit aus organischen Grundstoffen, die weder bei der Herstellung noch bei der Verbrennung Schadstoffe freisetzen.

Die Wiedergabe von Gebrauchsnamen, Handelsnamen, Warenbezeichnungen usw. in diesem Werk berechtigt auch ohne besondere Kennzeichnung nicht zu der Annahme, daß solche Namen im Sinne der Warenzeichen- und Markenschutz-Gesetzgebung als frei zu betrachten wären und daher von jedermann benutzt werden dürften.

Bearbeitung: Fotosatz L. Huhn, Maintal
Druck und Bindung: Lengericher Handelsdruckerei, Lengerich/Westfalen
Printed in Germany

ISBN 3-409-29745-6

Die Lage war noch nie so ernst.

Konrad Adenauer (1876 –1967)

Vorwort

Ein geflügeltes Wort des ersten deutschen Bundeskanzlers an den Anfang eines BWL-Prüfungsbuches stellen? Natürlich, wer sich auf eine Prüfung vorbereitet, die eine entscheidende Weichenstellung für die berufliche Zukunft bedeutet, der sollte den Ernst der Lage verstehen.

Fragen stellen kann jeder, antworten kann man manchmal. Aber wer gibt einem Hilfestellung, wenn man nicht so ganz sicher ist? Es ist schon Tradition im Gabler-Verlag, intelligente Prüfungsbücher herauszugeben. Bücher, die zwar auf die Prüfung vorbereiten, so wie viele andere auch, aber auch Bücher, die anders auf die Prüfung vorbereiten, Bücher mit einem Zusatznutzen: Sie erhalten sinnvolle Lernhilfen, wenn Sie die Fragestellung nicht sofort in eine Lösung umsetzen können. Und Sie erhalten zusätzlich sinnvolle Lernhilfen, wenn Sie bei der Antwort nachschlagen und dort vergleichen.

Fast ein Vierteljahrhundert hat der Autor inzwischen Prüflinge auf Prüfungen vorbereitet, an so mancher mündlichen Prüfung bei der IHK teilgenommen, viele Erfahrungen daraus finden sich in diesem Buch wieder. Erfahrungen, die sich in der Fragestellung niederschlagen, aber auch Erfahrungen, die sich in den Lernhilfen niederschlagen.

Was Sie auf jeden Fall bereitlegen sollten, das ist Ihr Lehrbuch sowie eine Gesetzessammlung. Oft finden Sie entsprechende Hinweise bei den Aufgabenstellungen, doch noch mal ein Kapitel zu lesen oder einen Text im Gesetz nachzuschlagen. Nehmen Sie diese Möglichkeiten wahr, damit Sie nicht nur „pauken", sondern auch verstehen lernen.

In 11 Kapiteln finden Sie alle wesentlichen Fragestellungen zur Betriebswirtschaftslehre. Über 200 Aufgaben aus vielen Prüfungen sind hier vereint, damit Ihnen Ihre Prüfung gelingt. Ich wünsche Ihnen jedenfalls viele interessante und lernfrohe Stunden und viel Erfolg bei Ihrer Prüfung!

Dirk Jasper

Inhaltsverzeichnis

Fragen zum Thema Seite

1. Rechtliche Grundlagen 11
2. Gründung eines Unternehmens 16
3. Rechtsformen der Unternehmen 23
4. Beschaffung und Lagerhaltung 42
5. Produktionswirtschaft 62
6. Finanzierung / Kredit 70
7. Absatzwirtschaft 76
8. Personalwesen 87
9. Organisation und Führung 94
10. Geld und Zahlungsverkehr 100
11. Steuern 107

Lösungen zum Thema   Seite

1. Rechtliche Grundlagen 115
2. Gründung eines Unternehmens 118
3. Rechtsformen der Unternehmen 122
4. Beschaffung und Lagerhaltung 133
5. Produktionswirtschaft 144
6. Finanzierung / Kredit 149
7. Absatzwirtschaft 153
8. Personalwesen 159
9. Organisation und Führung 163
10. Geld und Zahlungsverkehr 166
11. Steuern 170

Fragenteil

1. Rechtliche Grundlagen

Frage 1

Prüfen Sie, in welchen Fällen die Rechtsfähigkeit einer natürlichen oder juristischen Person vorliegt! **Rechtsfähigkeit**

a) Die R. C. Kister AG hat vor 14 Tagen den Konkursantrag beim Amtsgericht München gestellt. ☐
b) Im Bundesanzeiger wird unter den Handelsregisterveröffentlichungen vermerkt, daß die Willi Dienst GmbH gegründet wurde. ☐
c) Die Atlas Versorgungswerk AG i. G. hat für nächste Woche einen Notartermin vereinbart, um die Anmeldung zum Handelsregister vorzunehmen. ☐
d) Der Verein Blauweiß München hat seit 14 Monaten nur noch fünf Mitglieder. ☐
e) Die Schülerin Petra Dienst ist gerade 17 Jahre alt geworden. ☐

Bedenken Sie:

Lesen Sie im BGB aufmerksam die Paragraphen zur Rechtsfähigkeit durch, insbesondere die §§ 1, 22, 42 und 73.

Frage 2

In welchen der nachfolgenden Fälle führt die Willenserklärung der 17jährigen Petra Dienst zu einem rechtsgültigen Vertrag? **Geschäftsfähigkeit**

a) Die Willenserklärung bringt ihr ausschließlich rechtliche Vorteile. ☐
b) Bei der Abgabe ihrer Willenserklärung liegt die Zustimmung ihrer Eltern vor. ☐
c) Die Höhe der Verpflichtung übersteigt ihr gegenwärtiges Taschengeld. ☐
d) Sie erwirbt ohne Wissen der Eltern ein TV-Gerät, das sie in 8 Raten, die sie vom Taschengeld bestreiten kann, abzahlen will. ☐
e) Die Verpflichtung kann mit ihrem gegenwärtigen Taschengeld erfüllt werden. ☐

Bedenken Sie:

Lesen Sie im BGB sehr aufmerksam die Paragraphen zur Geschäftsfähigkeit durch, insbesondere die §§ 2, 104, 105, 106, 107, 110, 113 und 114.

Frage 3

Entscheiden Sie, welche der folgenden Vorgänge zu den einseitigen, empfangsbedürftigen Willenserklärungen gehören!

Rechtsgeschäfte

a) Testament ☐
b) Kündigung ☐
c) Darlehensvertrag ☐
d) Kaufvertrag ☐
e) Schenkung ☐

Bedenken Sie:

In welchen Fällen ist es unbedingt angebracht, daß die Willenserklärung auch empfangen wird?

Frage 4

Grundsätzlich ist der Abschluß von Rechtsgeschäften aller Art nicht an eine bestimmte Form gebunden. In welchen der folgenden Fälle schreibt der Gesetzgeber aus Sicherheitsgründen aber trotzdem eine bestimmte Form vor?

Form der Rechtsgeschäfte

a) Der Angestellte Manfred Huber schließt mit R. C. Kister einen Kaufvertrag für ein großes Haus in Hamburg ab. ☐
b) Die 6jährige Stella Huber kauft der 8jährigen Linda Kemmler eine Puppe ab. Linda kann lesen und schreiben, deshalb stünde einem schriftlichen Vertrag nichts im Wege. ☐
c) Der 36jährige Rolf C. Kister bürgt im Feinschmeckerlokal Restaurant zu Wilden Rose gegenüber dem Wirt für seinen 38jährigen Freund, der sein Geld verloren hat und deshalb nicht sofort bezahlen kann. ☐
d) Bauer Lothar Haupt pachtet von einem Nachbarn eine Weide für die Dauer von 10 Monaten. ☐
e) Willi Dienst will am kommenden Montag seine R. C. Dienst Handelswaren GmbH in das Handelsregister in München eintragen lassen. ☐

Bedenken Sie:

Lesen Sie im BGB sehr aufmerksam die Paragraphen zu den Rechtsgeschäften durch, aber insbesondere die §§ 125, 126, 128, 129 und 131.

Frage 5

In welchen der folgenden Fälle sind die Rechtsgeschäfte nichtig?   **Nichtigkeit**

a) Die 6jährige Stella bekommt von der Oma 5 DM geschenkt und kauft sich dafür ein Spielzeug. ☐
b) Die 17jährige Petra kauft sich von ihrem Taschengeld eine CD-ROM mit Windows-Spielen. ☐
c) Während einer Karnevalsveranstaltung bestellt der Programmierer Manfred Huber für sich und seine drei Begleiter 100 Flaschen echten Champagner. ☐
d) Zur Verminderung der Grunderwerbsteuer vereinbart Manfred Huber, daß der Kaufpreis im Vertrag erheblich unter dem tatsächlich vereinbarten Kaufpreis liegt. ☐
e) Der 36jährige Willi Dienst kauft sich ein Auto auf Kredit. ☐

Bedenken Sie:

Nichtigkeit von Rechtsgeschäften bedeutet, daß sie von Anfang an unwirksam sind. Lesen Sie außerdem im BGB die Paragraphen 116 bis 144 durch!

Frage 6

Welche der nachstehenden Rechtsgeschäfte können unter verschiedenen Gesichtspunkten angefochten werden?   **Anfechtbarkeit**

a) Die R. C. Kister GmbH hat beim Verkauf eines Fernsehers statt 500 DM versehentlich 50 DM auf die Rechnung geschrieben. ☐
b) Bei einer Mahnung wird gedroht, daß nach der dritten Mahnung ein Mahnbescheid erlassen wird. ☐
c) Peter Trabant, der Verkäufer eines Gebrauchtwagens, verneint wider besseren Wissens die Frage, ob es sich um ein Unfallfahrzeug handelt. ☐
d) Der Angestellte Manfred Huber kauft sich ein sehr teures Auto, obwohl er durchaus mit einem Kleinwagen auskäme. ☐
e) Der Hotelgast Manfred Schlaf beauftragt die Rezeption, bei der Theaterkasse zwei Karten für das Musical Cats zu besorgen. Als er die Karten abends an der Rezeption abholt, erhält er zwei Karten für die Oper Ring der Nibelungen. ☐

Bedenken Sie:

Im Gegensatz zu den nichtigen Rechtsgeschäften sind die anfechtbaren Rechtsgeschäfte zunächst gültig, sie bleiben es auch bis zu einer Anfechtung. Lesen Sie im BGB besonders die Paragraphen 119, 120 und 123 durch.

Frage 7

Prüfen und kennzeichnen Sie, welche der folgenden Aussagen über Besitz und Eigentum korrekt sind!

Besitz und Eigentum

a) Sandra verleiht ihr altes Fahrrad an Linda. Linda ist jetzt die Eigentümerin, Sandra die Besitzerin. ☐
b) Sandra verkauft und übergibt ihre Briefmarkensammlung an Linda. Jetzt ist Sandra die Eigentümerin und Linda die Besitzerin. ☐
c) Sandra verleiht ein Buch an Linda. Linda ist jetzt die Besitzerin, Sandra die Eigentümerin. ☐
d) Linda verliert ihre Puppe, Sandra findet sie. Sandra ist jetzt die Eigentümerin und die Besitzerin. ☐
e) Im Schwimmbad nimmt Linda aus Versehen Sandras Bademütze mit. Jetzt ist Linda die Besitzerin, Sandra bleibt die Eigentümerin. ☐

Bedenken Sie:

Besitz ist die tatsächliche Herrschaft einer Person über eine Sache. Eigentum ist die rechtliche Herrschaft einer Person über eine Sache. Oft sind Besitz und Eigentum in einer Hand. Lesen Sie im BGB die §§ 929, 932 und 935 sowie für den Grundstückskauf noch § 873 durch.

Frage 8

Entscheiden Sie, in welchen Fällen es sich um den Antrag zum Abschluß eines Kaufvertrages handelt!

Entstehen eines Kaufvertrages

a) Die Jazor Elektro GmbH verschickt an die R. C. Kister GmbH unaufgefordert ein Angebot. ☐
b) Die Willi Dienst GmbH bestellt aufgrund eines Kataloges aus dem Vorjahr. ☐
c) Die Jazor Elektro GmbH liefert an einen guten Kunden kurz vor einem Festtag eine ganz aktuelle Warensendung, weil ähnliche Produkte schon früher bestellt wurden. ☐
d) Die Firma Willy Queins schickt eine Anfrage an die Jazor Elektro GmbH und fragt gezielt nach einem Produkt. ☐
e) Manfred Huber erhält als Privatperson von einem Versandhaus, bei dem er schon mehrfach bestellt hatte, unaufgefordert ein Buch zugeschickt, weil er bereits früher Bücher zu einem ähnlichen Thema bestellt hatte. ☐

Bedenken Sie:

Die Grundlagen zum Kaufvertrag sollten Sie vorab im BGB ab § 433 sowie im HGB ab § 373 nachlesen.

Frage 9

Welche der unten beschriebenen Verpflichtungen sind bei der Erfüllung eines verpflichtenden Rechtsgeschäftes durch den jeweiligen Verkäufer zu erfüllen?

Erfüllung des Kaufvertrages

a) Der vereinbarte Kaufpreis muß gezahlt werden. ☐
b) Der Kaufgegenstand muß mängelfrei und rechtzeitig übergeben werden. ☐
c) Es muß dem anderen das Eigentum an der Ware verschafft werden. ☐
d) Die Ware muß bei ordnungsgemäßer Erfüllung auch angenommen werden. ☐
e) Der vereinbarte Kaufpreis muß angenommen werden. ☐

Bedenken Sie:

Lesen Sie im BGB unter dem Titel „Verpflichtung zur Leistung" ab § 241 nach, insbesondere die §§ 242, 293 und 433, bevor Sie die Antworten notieren.

Frage 10

Es gibt einige besondere Formen von Kaufverträgen. Kennzeichnen Sie die Erläuterung der Form „Kauf auf Probe"!

Sonderformen der Kaufverträge

a) Der Käufer hat das Recht, die gekaufte Ware innerhalb einer zwischen Verkäufer und Käufer festgelegten Frist in Teilmengen abzurufen. ☐
b) Der Käufer behält sich das Recht vor, innerhalb einer zwischen Käufer und Verkäufer vereinbarten Frist die fest gekaufte Ware näher zu bestimmen. ☐
c) Ein Kauf wird unter aufschiebender Bedingung abgeschlossen, der Käufer kann sich innerhalb einer vereinbarten Frist entschließen, die Ware zu behalten. ☐
d) Der Käufer bezieht zunächst nur eine kleine Menge einer Ware, um sie zu probieren. Wenn sie ihm zusagt, wird er größere Mengen abnehmen. ☐
e) Der Käufer stellt dem Verkäufer ein Muster oder eine Probe einer Ware zur Verfügung, nach dem/der der Verkäufer genau zu liefern hat. ☐

Bedenken Sie:

Die Sonderformen klingen alle sehr ähnlich, lesen Sie deshalb in Ihrem Lehrbuch genau nach, bevor Sie ankreuzen.

2. Gründung eines Unternehmens

Frage 11

In welchen Fällen wird der Gesetzgeber entgegen dem Grundsatz der Gewerbefreiheit die Gewerbegenehmigung von einem Sachkundenachweis abhängig machen?   **Sachkundenachweis**

a) Banken ☐
b) Kiosk ☐
c) Heilpraktiker und Ärzte ☐
d) Supermarkt ☐
e) Kosmetik-Beraterin ☐

Bedenken Sie:

Im Grundgesetz wie in der Gewerbeordnung ist der Grundsatz der Gewerbefreiheit festgelegt. Dies schließt aber nicht aus, daß der Gesetzgeber in bestimmten Fällen einen Sachkundenachweis für erforderlich hält, damit die Allgemeinheit geschützt wird.

Frage 12

Welche der folgenden Merkmale werden wohl zu den wesentlichen Orientierungspunkten bei der Wahl des Standortes für den Neubau eines Automobilwerkes zählen?   **Standortfrage**

a) Absatzorientierung ☐
b) Materialorientierung ☐
c) Tradition ☐
d) Zufall ☐
e) Arbeitskraft-/Arbeitskostenorientierung ☐

Bedenken Sie:

Die Wahl des Standortes will in vielen Branchen gut überlegt sein, er kann erheblich zum Erfolg des Unternehmens beitragen, denn die Kosten und damit die Preise können vom Standort stark abhängig sein.

Frage 13

Unternehmen benötigen Kapital, um ihre Aufgaben erfüllen zu können. Bei der Gründung wird es sich dabei hauptsächlich um Geldkapital handeln. Wovon wird im wesentlichen die Höhe des Kapitalbedarfs eines Industrieunternehmens abhängen?

Kapitalbedarf

a) Art des Unternehmens und Art der technischen Ausrüstung der Betriebsstätten ☐

b) Wetter und Klima ☐

c) Größe des Unternehmens ☐

d) Mitgliedschaft bei der IHK ☐

e) Geschwindigkeit des Lagerumschlages im Bereich Beschaffung, Produktion und Absatz ☐

Bedenken Sie:

Achten Sie auf die Formulierung „im wesentlichen", denn dann fällt die Beantwortung schon leichter. Überlegen Sie, welche kurz-, mittel- und langfristigen Kosten bei den oben genannten Punkten auf die Unternehmen jeweils zukommen können!

Frage 14

Aus welchen Bestandteilen setzt sich in der Bilanz das Fremdkapital eines Unternehmens zusammen?

Fremdkapital

a) Stammkapital des Unternehmens ☐

b) Langfristige Darlehen, die dem Unternehmen von fremden Geldgebern zur Verfügung gestellt werden ☐

c) Kurzfristige Überbrückungskredite der Bank ☐

d) Kredite, die dem Unternehmen durch die eigenen Lieferanten gewährt werden ☐

e) Kapitaleinlagen der drei größeren Hauptgesellschafter des Unternehmens ☐

Bedenken Sie:

Wenn Sie nicht ganz sicher sind, dann sollten Sie bei der Lösungssuche unbedingt Ihr Buchführungsbuch heranziehen. Unterscheiden Sie dabei zwischen dem Fremdkapital und dem Eigenkapital. Erinnern Sie sich auch an die unterschiedlichen Bezeichnungen bei den einzelnen Unternehmensformen.

Frage 15

Die Fähigkeit eines Unternehmens, allen Zahlungsverpflichtungen fristgerecht nachzukommen, bezeichnet man als Liquidität. Kennzeichnen Sie die korrekte Formel für die Berechnung der Liquidität 3. Grades! **Liquiditätsstatus**

a) $\dfrac{\text{Flüssige Mittel (Bank, Wechsel, Postbank, Bargeld)} * 100}{\text{Sofort fällige Verbindlichkeiten}}$ ☐

b) $\dfrac{\text{Flüssige Mittel + kurzfristige Forderungen} * 100}{\text{Kurzfristige Verbindlichkeiten}}$ ☐

c) $\dfrac{\text{Summe der verfügbaren Mittel} * 100}{\text{Gesamte Verbindlichkeiten}}$ ☐

d) $\dfrac{\text{Sofort fällige Verbindlichkeiten}}{\text{Flüssige Mittel (Bank, Wechsel, Postbank, Bargeld)} * 100}$ ☐

e) $\dfrac{\text{Kurzfristige Verbindlichkeiten}}{\text{Flüssige Mittel + kurzfristige Forderungen} * 100}$ ☐

Bedenken Sie:

Sie sollten jeden Formelschritt nachvollziehen, um dann festzustellen, ob das jeweilige Ergebnis zur Frage gehört. Andernfalls hilft nur noch das Auswendiglernen der Formeln.

Frage 16

Investitionen kosten das Unternehmen sehr viel Geld, daher muß vorher genau überlegt werden, welche Vorteile die jeweilige Neu- oder Ersatzinvestition mit sich bringt. Welche der folgenden Grundsätze sind dabei zu beachten? **Investitionsplanung**

a) Investitionen müssen sinnvoll sein. ☐

b) Investitionen können nur kurzfristig entschieden werden. ☐

c) Investitionsplanung ist nur etwas für große Unternehmen. ☐

d) Investitionen müssen im betrieblichen Zusammenhang gesehen werden. ☐

e) Investitionen müssen wirtschaftlich sein. ☐

Bedenken Sie:

Investitionen sind für ein Unternehmen lebensnotwendig! Denken Sie über die Ziele und die Auswirkungen von Investitionen nach, entscheiden Sie sich dann erst für eine Lösung!

Frage 17

Für Vollkaufleute gelten z. T. andere Rechte und Pflichten als für Minderkaufleute. Welche der folgenden Vorschriften gilt ausschließlich für die Vollkaufleute?

Rechte und Pflichten des Vollkaufmanns

a) Führen eines Wareneingangsbuches ☐

b) Führen einer Firma ☐

c) Bürgschaftsübernahme (drittschuldnerisch) nur schriftlich ☐

d) Ernennung eines Generalbevollmächtigten ☐

e) Buchführungspflicht ☐

Bedenken Sie:

Lassen Sie sich nicht irritieren, es gibt eine Reihe von Rechten und Pflichten, die bei Voll- und Minderkaufleuten identisch sind!

Frage 18

Ordnen Sie zu, indem Sie die Kennziffern der Kaufleute in die Kästchen bei den Unternehmen eintragen! 1 = Mußkaufleute, 2 = Sollkaufleute, 3 = Kannkaufleute, 4 = Formkaufleute, 5 = es handelt sich nicht um einen Kaufmann.

Kaufmannsarten

a) Nebenbetriebe der Land- und Forstwirtschaft, die nach Art und Umfang einen kaufmännischen Geschäftsbetrieb erfordern ☐

b) Vorstandsvorsitzender einer AG ☐

c) Unternehmen, die eines der Grundhandelsgeschäfte nach § 1 HGB (z. B. Warenhandel, Banken) betreiben ☐

d) Unternehmen, die zwar kein Grundhandelsgewerbe betreiben, aber nach Art und Umfang einen kaufmännischen Betrieb erfordern (z. B. Hotel) ☐

e) Kapitalgesellschaften ☐

Bedenken Sie:

Lassen Sie sich nicht von umgangssprachlichen Formulierungen irritieren. Entscheidend für die richtige Lösung sind ausschließlich die entsprechenden Paragraphen zur Kaufmannseigenschaft im HGB, insbesondere die §§ 1, 2, 3 und 6!

Frage 19

Ein Vollkaufmann darf seine Firma in dem vorgegebenen Rahmen der gesetzlichen Vorschriften frei wählen. Welche Erklärung zum Begriff "Firma" ist richtig?

Definition Firma

a) Die Firma eines Vollkaufmanns ist natürlich seine Betriebsstätte. ☐
b) Die Firma eines Vollkaufmanns ist ausschließlich sein Warenzeichen. ☐
c) Die Firma eines Vollkaufmanns ist nur sein Familienname, unter dem er Verträge abschließt. ☐
d) Die Firma ist der Name eines Vollkaufmanns, unter dem er seine Handelsgeschäfte betreibt und seine Unterschrift abgibt. ☐
e) Die Firma eines Vollkaufmanns ist der Geschäftsbereich, in dem er tätig ist. ☐

Bedenken Sie:

Definitionen muß man auswendig können. Wenn Sie nicht ganz sicher sind, lesen Sie § 17 im HGB nach, die Formulierung zur Firma ist dort sehr eindeutig.

Frage 20

Bei der Wahl der Firma sind einige Grundsätze zu beachten, die im HGB stehen oder durch die Rechtsprechung bekräftigt worden sind. Welche der Definitionen über allgemeine Firmengrundsätze ist richtig?

Firmengrundsätze

a) Firmenwahrheit: Jede Firma muß sich von allen am selben Ort bereits bestehenden und schon ins Handelsregister eingetragenen Firmen unterscheiden. ☐
b) Firmenklarheit: Beim Wechsel in der Person des Inhabers kann die bisherige Firma beibehalten werden. ☐
c) Firmenausschließlichkeit: Die Firma kann nicht ohne das Handelsgeschäft, für das sie geführt wird, veräußert werden; dadurch sollen Irreführungen vermieden werden. ☐
d) Firmenöffentlichkeit: Jeder Vollkaufmann muß seine Firma beim zuständigen Amtsgericht in das Handelsregister eintragen lassen. ☐
e) Firmenbeständigkeit: Es dürfen keine unrichtigen Angaben über Art und Umfang des Unternehmens enthalten sein. ☐

Bedenken Sie:

Lesen Sie im HGB die §§ 18, 19, 25, 26 und 30 sowie in der Gewerbeordnung den § 15a und im UWG § 16 durch! Dort erhalten Sie Hilfestellung für die Beantwortung der Frage.

Frage 21

Firma ist der Name eines Kaufmanns, unter dem er seine Handelsgeschäfte betreibt und seine Unterschrift abgibt. Welche der folgenden Firmen ist dabei als Sachfirma zu bezeichnen?

Firma

a) Süddeutsche Zuckerwerke AG ☐
b) Optische Werke R. C. Kister AG ☐
c) Gebr. Herbst Porzellanwerke KG ☐
d) Lehmanns Nachf. KG ☐
e) Daimler-Benz AG ☐

Bedenken Sie:

Bei der Firma unterscheidet man die reine Sachfirma, die reine Personenfirma sowie die entsprechenden Mischformen.

Frage 22

Das Handelsregister wird in die Abteilungen A und B unterteilt, in denen jeweils bestimmte Unternehmensformen eingetragen werden. Genossenschaften werden in das Genossenschaftsregister eingetragen, Stiftungen in das Stiftungsregister. Welche der folgenden Unternehmensformen werden in Abteilung A des Handelsregisters eingetragen?

Eintragung ins Handelsregister

a) BGB-Gesellschaft ☐
b) GmbH ☐
c) Einzelunternehmen ☐
d) AG ☐
e) KGaA ☐

Bedenken Sie:

Arbeiten Sie in Ihrem Lehrbuch das Kapitel über das Handelsregister durch. Sie werden feststellen, daß die Unterteilung des Handelsregisters in zwei Abteilungen ganz bestimmte Unternehmensformen zusammenfaßt. Zur Vorbereitung auf die Antworten sollten Sie im HGB auch die §§ 8 bis 16 durcharbeiten!

Frage 23

Das Handelsregister ist ein amtliches Verzeichnis aller Vollkaufleute eines Amtsgerichtsbezirks. Wer darf und kann in das Handelsregister Einsicht nehmen?

Öffentlichkeit des Handelsregisters

a) Nur Banken für die Kreditprüfung. ☐

b) Nur Personen, die ein berechtigtes Interesse nachweisen können. ☐

c) Nur Urkundsbeamte, um die Firma richtig zu benennen. ☐

d) Jeder, der sich informieren möchte. ☐

e) Nur Gläubiger, die einen Vergleich oder Konkurs beantragen wollen. ☐

Bedenken Sie:

Überlegen Sie, welche Funktion das Handelsregister hat. Denken Sie auch darüber nach, wo und warum die Eintragungen veröffentlicht werden!

Frage 24

Jedes kaufmännisch geführte Unternehmen muß bei einer ganzen Reihe von Behörden und Institutionen der Gemeinde oder des Staates angemeldet werden. Welche der nachfolgenden zählen bei einem Vollkaufmann auf jeden Fall dazu?

Anmeldung des Unternehmens

a) Gewerbeamt der Gemeinde ☐

b) Arbeitgeberverband ☐

c) Finanzamt ☐

d) Interessengemeinschaft des örtlichen Gewerbevereins ☐

e) Handelsregister ☐

Bedenken Sie:

Die Funktionen der genannten Behörden und Institutionen sind sehr unterschiedlich. Überlegen Sie jedesmal, welche Interessen durch die Behörden oder Institutionen jeweils vertreten werden. Überlegen Sie auch, welche Interessen denn der Staat bei ganz bestimmten Anmeldungen hat.

3. Rechtsformen der Unternehmen

Frage 25

Das Einzelunternehmen ist die am weitesten verbreitete Rechtsform **Einzelunternehmen**
bei kleineren und mittleren Unternehmen. Bei der Gründung sind Eigentümer und Unternehmer in einer Person vereint. Welche Risiken
können für den Gründer bestehen?

a) Der Einzelunternehmer ist in seinen Entscheidungen frei, er ☐
   braucht für geschäftliche Entschlüsse keinen zu fragen.
b) Der Einzelunternehmer muß das Risiko alleine tragen, das ☐
   Schicksal des gesamten Unternehmens ist an seine Person
   gebunden.
c) Der Einzelunternehmer hat im Regelfall eine schmale Kre- ☐
   ditbasis, das haftende Eigenkapital ist meist begrenzt.
d) Der Einzelunternehmer kann Entscheidungen schnell und ☐
   problemlos fällen, er kann damit zügig auf aktuelle Marktereignisse reagieren.
e) Der Einzelunternehmer hat oft Schwierigkeiten mit der ☐
   Nachfolge, da die nächste Generation oft nicht das Interesse
   an dem Unternehmen hat.

Bedenken Sie:

Wägen Sie in Ruhe die Vor- und Nachteile eines Einzelunternehmens ab, bevor Sie antworten.

Frage 26

Es kommt häufig vor, daß ein Einzelunternehmen die Basis für andere **Umwandlung von**
Unternehmensformen ist. Welche Gründe könnten für die Umwand- **Einzelunternehmen**
lung eines Einzelunternehmens in eine Gesellschaft maßgeblich sein?

a) Verbesserung der Kreditbasis durch die Aufnahme neuer ☐
   Gesellschafter
b) Bessere Möglichkeiten der Urlaubsplanung ☐
c) Risikoverteilung auf mehrere Gesellschafter ☐
d) Erheblich mehr Möglichkeiten, weniger zu arbeiten, weil die ☐
   Arbeit dann auf mehr Personen verteilt wird
e) Verbreiterung der fachlichen Basis, z. B. durch die Aufnah- ☐
   me eines Kaufmanns in einen Handwerksbetrieb

Bedenken Sie:

Meist sind die wirtschaftlichen Gründe für die Änderung des Einzelunternehmens in ein Gesellschaftsunternehmen maßgeblich.

Frage 27

Die OHG ist die in Deutschland am weitesten verbreitete Gesellschaftsform. Welche der folgenden Behauptungen treffen für die OHG bzw. auf die Gesellschafter der OHG nicht zu?

OHG = Offene Handelsgesellschaft

a) Die OHG ist eine Gesellschaft, deren Zweck auf den Betrieb eines Handelsgewerbes unter gemeinschaftlicher Firma gerichtet ist. ☐
b) Jeder Gesellschafter haftet den Gesellschaftsgläubigern gegenüber nur mit seinem Kapitalanteil. ☐
c) Die OHG kann unter ihrer Firma selbständig Rechte und Pflichten erwerben, klagen und verklagt werden. ☐
d) Eine Zwangsvollstreckung in das Gesellschaftsvermögen ist möglich. ☐
e) Für die Verbindlichkeiten haftet nicht nur das Gesellschaftsvermögen, sondern auch das Privatvermögen der Gesellschafter. ☐

Bedenken Sie:

Zur Vorbereitung auf die Fragen zur OHG sollten Sie im HGB die Paragraphen 105 bis 159 durcharbeiten.

Frage 28

Im Gesellschaftsvertrag einer OHG wird festgelegt, daß der Gesellschafter Martin Peanuts im Falle eines Konkurses nicht mit seinem Privatvermögen zu haften braucht. Welche Wirkung hat dieser Vertragsbestandteil? Kennzeichnen Sie die richtige Lösung!

Haftung eines OHG-Gesellschafters

a) Martin Peanuts haftet nach außen hin nur mit seiner Geschäftseinlage. ☐
b) Martin Peanuts haftet unbeschränkt, der Vertragsteil gilt nur im Innenverhältnis und ist nach außen hin ohne rechtliche Wirkung. ☐
c) Martin Peanuts haftet nur, wenn das Geschäftsvermögen nicht ausreicht. ☐
d) Martin Peanuts haftet nur dann nicht, wenn der Gesellschaftsvertrag notariell beglaubigt und veröffentlicht worden ist. ☐
e) Martin Peanuts haftet gar nicht, weil er ein Gesellschafter einer OHG ist. ☐

Bedenken Sie:

Denken Sie bei der Haftung besonders an die wesentlichen Unterschiede der OHG gegenüber den Kapitalgesellschaften!

Frage 29

Wie lange haftet ein Gesellschafter, der aus einer OHG austritt, noch für die Schulden des Unternehmens, die im Zeitpunkt seines Austritts bestanden?

Haftung eines OHG-Gesellschafters

a) Nach dem Ausscheiden aus einer OHG muß der ehemalige Gesellschafter immer noch und jederzeit haften. ☐
b) 3 Jahre nach seinem Ausscheiden ☐
c) 5 Jahre nach seinem Ausscheiden ☐
d) 7 Jahre nach seinem Ausscheiden ☐
e) Nach dem Ausscheiden aus einer OHG haftet der ehemalige Gesellschafter gar nicht mehr. ☐

Bedenken Sie:

Gehen Sie bei der Dauer der Haftung davon aus, was wahrscheinlich allen Beteiligten zugemutet werden kann.

Frage 30

OHG-Gesellschafter Manfred Huber ist ohne die vertraglich notwendige Zustimmung der anderen im Namen der OHG eine Verbindlichkeit eingegangen. Gläubiger Markus Dumm wendet sich aber zur Eintreibung der Forderung an den Gesellschafter Bruno Bang. Wie nennt man die Art seiner Haftung?

Haftung bei der OHG

a) Man spricht von der beschränkten Haftung des Gesellschafters Bruno Bang. ☐
b) Man spricht von der mittelbaren Haftung des Gesellschafters Bruno Bang. ☐
c) Man spricht von der solidarischen Haftung des Gesellschafters Bruno Bang. ☐
d) Man spricht von der exemplarischen Haftung des Gesellschafters Bruno Bang. ☐
e) Man spricht von der grundsätzlichen Haftung des Gesellschafters Bruno Bang. ☐

Bedenken Sie:

Bevor Sie vorschnell die Antwort ankreuzen ... erinnern Sie sich noch an den Merksatz über die Haftung bei der OHG? Er hilft Ihnen weiter: Alle Gesellschafter einer OHG haften den Gesellschaftsgläubigern gegenüber ...

Frage 31

Die OHG muß eine Reihe gesetzlicher Vorschriften beachten. Welche der untenstehenden Tatbestände sind für eine OHG zwingend vorgeschrieben?

Anforderungen an eine OHG

a) An einer OHG müssen mindestens zwei Gesellschafter beteiligt sein. ☐

b) Die OHG muß ein Handelsgewerbe betreiben. ☐

c) Die Namen aller Gesellschafter müssen in der Firma aufgeführt sein. ☐

d) Alle Gesellschafter müssen unbeschränkt haften. ☐

e) Bei einer OHG ist die Anzahl der Gesellschafter auf jeden Fall nach oben hin gesetzlich begrenzt. ☐

Bedenken Sie:

Es ist eine gute Hilfe, wenn Sie im Lehrbuch das Kapitel OHG durcharbeiten. Achten Sie besonders auf die Merkmale einer OHG!

Frage 32

Prüfen und kennzeichnen Sie, welche der folgenden Aussagen im Zusammenhang mit der OHG richtig sind!

Gesellschafter der OHG

a) Das Wettbewerbsverbot untersagt es einem Gesellschafter, ohne Zustimmung seiner Mitgesellschafter Geschäfte außerhalb des betreffenden Handelszweiges der gemeinsamen OHG zu betreiben. ☐

b) Unter der Geschäftsführungsbefugnis versteht man das Recht eines Gesellschafters, die OHG Dritten gegenüber zu vertreten. ☐

c) Wenn der Gesellschaftsvertrag nichts anderes bestimmt, erhält jeder Gesellschafter nach dem Gesetz 4 % vom Gewinn, der Rest wird nach Köpfen verteilt. ☐

d) Scheidet ein Gesellschafter aus einer OHG aus, so haftet er noch fünf Jahre für alle vor seinem Ausscheiden entstandenen Verbindlichkeiten. ☐

e) Der Verlust der OHG wird nach Köpfen verteilt, falls der Gesellschaftsvertrag nichts anderes vorsieht. ☐

Bedenken Sie:

Falls Sie es noch nicht getan haben, spätestens hier sollten Sie noch einmal das Lehrbuch heranziehen und im HGB die Paragraphen 105 bis 159 durcharbeiten.

Frage 33

Wer hat bei einer Kommanditgesellschaft (KG) Geschäftsführungsbefugnis?

Geschäftsführung bei der KG

a) Bei der KG hat grundsätzlich jeder Gesellschafter allein die Geschäftsführungsbefugnis. ☐
b) Bei der KG haben grundsätzlich nur alle Gesellschafter gemeinsam die Geschäftsführungsbefugnis. ☐
c) Bei der KG hat grundsätzlich jeder Kommanditist die Geschäftsführungsbefugnis. ☐
d) Bei der KG hat grundsätzlich jeder Komplementär die Geschäftsführungsbefugnis. ☐
e) Bei der KG hat grundsätzlich nur ein Komplementär gemeinsam mit einem Kommanditisten die Geschäftsführungsbefugnis. ☐

Bedenken Sie:

Bevor Sie antworten, sollten Sie auf jeden Fall im Lehrbuch das Kapitel „Kommanditgesellschaft" durchlesen und im HGB die Paragraphen 161 bis 177 durcharbeiten.

Frage 34

Welche der folgenden Merkmale treffen bei der KG nur für die Komplementäre und nicht für die Kommanditisten zu?

Merkmale der Komplementäre

a) Geschäftsführung und Vertretungsbefugnis ☐
b) Mitspracherecht bei wichtigen Angelegenheiten ☐
c) Verzinsung des Kapitalanteils ☐
d) Gewinnanteil ☐
e) Haftung mit dem Kapitalanteil ☐

Bedenken Sie:

Die Komplementäre (= Vollhafter) ähneln in ihren Rechten und Pflichten weitgehend den Gesellschaftern bei der OHG. Im HGB finden Sie in den Paragraphen 105 bis 159 alle wesentlichen Angaben zur OHG, vielleicht hilft das Durcharbeiten dieser Paragraphen bei der Lösung weiter.

Frage 35

Der Kaufmann Rainer Schneider gründet als Komplementär zusammen mit seiner Bekannten Jutta Groß als Kommanditistin eine Handelsgesellschaft in Form einer KG. Gegenstand des Geschäftsbetriebes ist ein Elektrohandel. Welcher der folgenden Namen wird für das gemeinsame Unternehmen möglich sein?

Firma der KG

a) Elektrohaus Groß & Co. ☐
b) Elektrohaus Schneider ☐
c) Elektrohaus Schneider & Co. ☐
d) Elektrohaus Groß KG ☐
e) Elektrohaus Schneider & Groß ☐

Bedenken Sie:

Denken Sie über die Unterschiede und die Abgrenzung der Firma einer KG zur Firma eines Einzelunternehmens oder einer OHG nach, darin liegt schon ein Teil der Lösung! Wenn Sie nicht ganz sicher sind, schlagen Sie noch einmal im Lehrbuch unter dem Kapitel „Firma" nach.

Frage 36

Die Rechte von Komplementär und Kommanditist sind im HGB teilweise recht unterschiedlich geregelt. Welche Rechte hat denn laut HGB ein Kommanditist?

Rechte eines Kommanditisten

a) Ein Kommanditist hat das Recht auf Geschäftsführung bei der KG. ☐
b) Ein Kommanditist hat das Recht auf einen Gewinnanteil an der KG. ☐
c) Ein Kommanditist hat das Recht auf Kontrolle der KG am Jahresende. ☐
d) Ein Kommanditist hat gegenüber der KG das Recht auf Kündigung seines Anteils. ☐
e) Ein Kommanditist hat das Recht auf seinen Familiennamen als Bestandteil der Firma der KG. ☐

Bedenken Sie:

Gehen Sie davon aus, daß es sehr wahrscheinlich ist, daß ein Komplementär (Vollhafter der KG) gegenüber einem Kommanditisten (Teilhafter der KG) für sich selbst weitergehende Rechte beanspruchen wird.

Frage 37

OHG und KG sind laut HGB unterschiedlich definiert. Kennzeichnen Sie die untenstehenden Aussagen entsprechend: Tragen Sie eine 1 ein, wenn die Aussage nur für die OHG zutrifft. Tragen Sie eine 2 ein, wenn sie nur für die KG zutrifft. Eine 3 kennzeichnet, daß die Aussage für die OHG und die KG zutrifft. Eine 9 drückt aus, daß die Aussage weder auf die OHG noch auf die KG zutrifft!

Unterschiede zwischen OHG und KG

a) Die Gesellschaft muß ein Handelsgewerbe betreiben. ☐

b) Es besteht eine unbeschränkte Haftung aller Gesellschafter. ☐

c) Es muß eine gemeinsame Firma aller Gesellschafter vorhanden sein. ☐

d) Die gesetzlich festgelegte Gewinnverteilung erfolgt ausschließlich nach Köpfen. ☐

e) Bestimmte Gesellschafter haben keinen Anspruch auf Geschäftsführung. ☐

Bedenken Sie:

Denken Sie noch einmal über die unterschiedliche Ausgestaltung der beiden Gesellschaftsformen nach. Bestimmte Regelungen des Gesetzgebers für die beiden Gesellschaften erfolgten mit ganz bestimmten Absichten.

Frage 38

Die Unternehmensformen werden in der Betriebswirtschaftslehre in unterschiedliche Gruppierungen eingeteilt, die sich schwerpunktmäßig daran orientieren, ob die persönliche Mitarbeit oder die finanzielle Beteiligung der Gesellschafter im Vordergrund der Beteiligung steht. Welche der folgenden Unternehmensformen zählt dabei zu den Personengesellschaften?

Personengesellschaft

a) GmbH ☐

b) GmbH & Co. KG ☐

c) Aktiengesellschaft ☐

d) Genossenschaft ☐

e) Einzelunternehmen ☐

Bedenken Sie:

Überlegen Sie kurz, wie die schematische Darstellung der Unternehmensformen aussieht!

Frage 39

Die Haftung der Gesellschafter einer GmbH ist im GmbH-Gesetz geregelt. Wie haftet eine GmbH für ihre Verbindlichkeiten? Kennzeichnen Sie die richtige Behauptung!

Haftung bei einer GmbH

a) Die GmbH haftet als Gesellschaft nur mit dem Gesellschaftsvermögen, falls keine Nachschußpflicht vereinbart ist. ☐
b) Die GmbH haftet mit ihrem Gesellschaftsvermögen und dem Privatvermögen der Gesellschafter. ☐
c) Die GmbH haftet als Gesellschaft nur mit dem Stammkapital. ☐
d) Die Gesellschaft haftet nur mit dem Gesellschaftsvermögen, jeder Gesellschafter haftet zusätzlich mit mindestens 50.000 DM. ☐
e) Die Gesellschafter haften nur mit ihrer Kapitaleinlage, die Geschäftsführer aber auch mit ihrem Privatvermögen. ☐

Bedenken Sie:

Die Haftung einer GmbH ist vom Gesetzgeber grundsätzlich beschränkt worden, aber ... gibt es keine Ausnahmen von dieser Regel? Denken Sie auch über den Unterschied von Vermögen und Stammkapital nach!

Frage 40

Welche der nachfolgenden Behauptungen über die GmbH ist zutreffend?

GmbH allgemein

a) Jeder Gesellschafter einer GmbH ist im Namen der GmbH vertretungsberechtigt. ☐
b) Die Gewinnverteilung einer GmbH erfolgt allein nach der Anzahl der Köpfe. ☐
c) Die Gewinnverteilung einer GmbH erfolgt ausdrücklich im angemessenen Verhältnis nach Anteilen und nach Köpfen. ☐
d) Jeder Gesellschafter hat bei einer GmbH das gleiche Stimmrecht. ☐
e) Vertretungsmacht haben bei einer GmbH nur die Geschäftsführer. ☐

Bedenken Sie:

Bei den Personengesellschaften und den Kapitalgesellschaften bestehen teilweise erhebliche Unterschiede. Überlegen Sie sich gut, warum Personen- bzw. Kapitalgesellschaften gegründet werden! Denken Sie auch daran, daß nach den Regelungen des Gesetzes gefragt wird, denn vertraglich ist fast alles anders regelbar.

Frage 41

Bei einer GmbH spricht man von einer Stammeinlage, die den Kapitalanteil des einzelnen Gesellschafters darstellt. Welche der nachfolgenden Behauptungen über die gesetzliche Regelung der Kapitalanteile einer GmbH trifft zu?

Kapitalanteile bei einer GmbH

a) GmbH-Anteile sind grundsätzlich an der Wertpapierbörse handelbar. ☐
b) Jeder GmbH-Gesellschafter hat grundsätzlich nur einen Anteil an der GmbH. ☐
c) Die Anteile an einer GmbH sind im allgemeinen leichter verkäuflich als Aktien. ☐
d) Die Gewinnverteilung erfolgt bei der GmbH nach jeweiligen Kapitalanteilen. ☐
e) Die GmbH-Anteile müssen immer sofort vollständig eingezahlt werden. ☐

Bedenken Sie:

Im Gegensatz zur Aktiengesellschaft ist bei der Gesellschaft mit beschränkter Haftung noch ein gewisser Bezug zwischen den beteiligten Personen und deren Kapitalbeteiligung vorhanden. Achtung: Bei der Aufgabenstellung wird nach der grundsätzlichen gesetzlichen Regelung gefragt!

Frage 42

Der Gesetzgeber hat für manche Unternehmensformen kein Mindestkapital vorgeschrieben, bei manchen anderen jedoch ist gesetzlich ein gewisses Mindestkapital vorgeschrieben. Wie hoch ist laut GmbH-Gesetz das Mindestkapital (Stammkapital) bei einer GmbH?

Mindestkapital der GmbH

a) Das Stammkapital einer GmbH beträgt gesetzlich mindestens 500 DM. ☐
b) Das Stammkapital einer GmbH beträgt gesetzlich mindestens 20.000 DM ☐
c) Das Stammkapital einer GmbH beträgt gesetzlich mindestens 25.000 DM ☐
d) Das Stammkapital einer GmbH beträgt gesetzlich mindestens 50.000 DM ☐
e) Das Stammkapital einer GmbH beträgt gesetzlich mindestens 100.000 DM ☐

Bedenken Sie:

Eigentlich eine leichte Frage, allerdings mit kleinen Fallstricken, aber diese Fakten müssen einfach sitzen!

Frage 43

Es gibt eine Vielzahl von gesetzlichen Vorschriften für die unterschiedlichen Gesellschaftsformen. Gerade bei den Kapitalgesellschaften werden nicht nur die Gründungsprozeduren, sondern auch das Fortbestehen des Unternehmens genau beobachtet. Welche der folgenden Aussagen trifft dabei auf die GmbH zu?

Grundlagen der GmbH

a) Das Unternehmen zahlt Körperschaftsteuer. ☐
b) Zur Gründung des Unternehmens sind mindestens 5 Personen erforderlich. ☐
c) Ein Mindestkapital ist bei der Gründung des Unternehmens nicht vorgeschrieben. ☐
d) Die Wertpapiere, die eine Beteiligung am Unternehmen verbriefen, werden normalerweise an der Börse gehandelt. ☐
e) Die Stammeinlagen des Unternehmens müssen mindestens über 500 DM lauten. ☐

Bedenken Sie:

Hier geht es jedesmal um Aussagen, die in ihrem Inhalt jeweils richtig sind, Sie brauchen diese Aussagen nur den entsprechenden Unternehmensformen richtig zuzuordnen.

Frage 44

Für die Gesellschaft mit beschränkter Haftung gibt es im GmbH-Gesetz verschiedene gesetzliche Regelungen zu den Organen. Welche der folgenden Organe sind auf jeden Fall für eine GmbH vorgeschrieben, die 180 Mitarbeiter hat?

Organe der GmbH

a) Geschäftsführung ☐
b) Aufsichtsrat ☐
c) Gesellschafter-Versammlung ☐
d) Hauptversammlung ☐
e) Vorstand ☐

Bedenken Sie:

Alle in der Aufgabenstellung genannten Organe sind tatsächlich in den unterschiedlichen Gesellschaftsformen möglich, aber hier gilt es wieder, ganz genau zwischen den einzelnen Formen und ihren notwendigen Organen zu differenzieren.

Frage 45

Die Gesellschafter-Versammlung ist das Organ der Eigentümer einer GmbH, sie hat eine Reihe von Rechten gegenüber der Geschäftsführung und den Mitgesellschaftern. Welche gesetzlich vorgeschriebenen Aufgaben hat denn die Gesellschafter-Versammlung bei einer kleineren GmbH zu erfüllen?

Gesellschafter-Versammlung der GmbH

a) Überwachung der Geschäftsführung ☐
b) Wahl des Aufsichtsrates ☐
c) Feststellung des Jahresabschlusses ☐
d) Ernennung des Betriebsrates ☐
e) Einforderung von Nachschüssen ☐

Bedenken Sie:

Vorsicht Falle! Aber überlegen Sie erst einmal, auf was Sie als Gesellschafter einer GmbH nicht verzichten würden! Denken Sie auch über die Funktion der unterschiedlichen Institutionen nach.

Frage 46

Auch in bezug auf die Firma hat der Gesetzgeber meist präzise Vorstellungen, um deutlich zu machen, welche Art von Unternehmen und Gewerbe vorhanden ist. Welche der folgenden Behauptungen über die Firma einer GmbH sind richtig?

Firma der GmbH

a) Die Firma einer GmbH kann eine Personenfirma sein. ☐
b) Die Firma einer GmbH muß einen Gesellschafternamen enthalten. ☐
c) Die Firma einer GmbH kann eine gemischte Firma sein. ☐
d) Die Firma einer GmbH muß den Zusatz „Gesellschaft mit beschränkter Haftung" (oder die Abkürzung GmbH) enthalten. ☐
e) Die Firma einer GmbH kann eine Sachfirma sein. ☐

Bedenken Sie:

Falls Sie bei Ihrer Antwort nicht mehr so ganz sicher sind: Arbeiten Sie noch einmal das Kapitel über „Firma" durch, bevor Sie antworten. Achten Sie dabei auf die Vorschriften zu den einzelnen Unternehmensformen.

Frage 47

Im Rahmen des Aktiengesetzes (AktG) sind die Organe einer AG vorgeschrieben. Welche Aufgaben hat dabei der Aufsichtsrat bei einer AG zu erfüllen?

Aufgaben des AG-Aufsichtsrates

a) Der Aufsichtsrat hat das Recht auf Geschäftsführung innerhalb des Unternehmens sowie auf Vertretung des Unternehmens nach außen hin. ☐
b) Der Aufsichtsrat hat das Recht auf Bestellung des Vorstandes des Unternehmens. ☐
c) Der Aufsichtsrat hat das Recht auf Entlastung des Vorstandes des Unternehmens. ☐
d) Der Aufsichtsrat hat das Recht auf Wahl des Generaldirektors des Unternehmens. ☐
e) Der Aufsichtsrat hat das Recht auf Wahl der Abschlußprüfer für die nächste Bilanz des Unternehmens. ☐

Bedenken Sie:

Arbeiten Sie im Lehrbuch insbesondere das Kapitel über den Aufsichtsrat und seine Aufgaben sowie im Gesetzestext die Paragraphen 84, 111 und 171 des AktG durch, bevor Sie die Frage beantworten.

Frage 48

Im Aktiengesetz sind auch die Aufgaben des Vorstands geregelt. Welche gesetzlichen Aufgaben hat dabei der Vorstand einer AG zu erfüllen?

Aufgaben des AG-Vorstands

a) Der Vorstand einer AG bestellt den Aufsichtsrat der AG. ☐
b) Der Vorstand einer AG beschließt über die Verwendung des Gewinns. ☐
c) Der Vorstand einer AG führt die Geschäfte der AG und vertritt die Gesellschaft nach außen hin. ☐
d) Der Vorstand einer AG entlastet den Aufsichtsrat der AG. ☐
e) Der Vorstand einer AG beschließt über die notwendigen Satzungsänderungen. ☐

Bedenken Sie:

Die oben genannten Aufgaben existieren tatsächlich für die einzelnen Organe der Aktiengesellschaft, sie müssen nur richtig zugeordnet werden! Arbeiten Sie im Lehrbuch insbesondere das Kapitel über den Vorstand und seine Aufgaben sowie im Gesetzestext die Paragraphen 76, 88, 90, 92, 93, 121 und 148 des AktG durch, bevor Sie die Frage beantworten!

Frage 49

Welche Aussagen über die Hauptversammlung einer AG treffen im Rahmen der gesetzlichen Bestimmungen zu? **Aufsichtsrat der AG**

a) Die Hauptversammlung ist für Geschäftsführung und Vertretung zuständig. ☐
b) Die Hauptversammlung überwacht die Geschäftsführung des Vorstandes. ☐
c) Die Hauptversammlung wählt die Abschlußprüfer des Unternehmens. ☐
d) Die Hauptversammlung wählt die Mitglieder des Aufsichtsrates, die die Anteilseigner vertreten. ☐
e) Die Hauptversammlung bestimmt alleine den Vorstand des Unternehmens. ☐

Bedenken Sie:

Die oben genannten Aufgaben existieren tatsächlich für einzelne Organe der Aktiengesellschaft, sie müssen nur richtig zugeordnet werden! Arbeiten Sie im Lehrbuch insbesondere das Kapitel über die Hauptversammlung und ihre Aufgaben sowie im Gesetzestext die Paragraphen 101, 103, 119, 120 und 173 des AktG durch, bevor Sie die Frage beantworten!

Frage 50

Einige Geschäftsleute wollen eine Aktiengesellschaft gründen. Wie viele Gründer müssen es nach dem deutschen Aktienrecht mindestens sein? **Gründung der AG**

a) 1 Person reicht aus, denn wie bei der GmbH ist auch bei der AG die Einzelgründung erlaubt, dabei darf es sich um eine natürliche oder um eine juristische Person handeln. ☐
b) 5 Gründer, dabei darf es sich ausschließlich um juristische Personen handeln, da es sich um eine AG handelt. ☐
c) 5 Gründer, dabei ist es gleichgültig, ob es sich um natürliche oder juristische Personen handelt. ☐
d) 5 Gründer, dabei darf es sich ausschließlich um natürliche Personen handeln. ☐
e) 7 Gründer, da es sich in der Gründungsphase um eine BGB-Gesellschaft handelt, die wenigstens 7 natürliche Personen umfassen muß. ☐

Bedenken Sie:

Vorsicht Falle! Lesen Sie noch einmal aufmerksam Ihr Lehrbuch, und arbeiten Sie im Gesetzestext insbesondere die Paragraphen 2 und 23 des AktG durch.

Frage 51

Der Aufsichtsrat wird nach § 101 AktG für vier Jahre bestellt. Aber wer wählt nun den Aufsichtsrat einer Aktiengesellschaft?

Wahl des Aufsichtsrates

a) Der Aufsichtsrat wird ausschließlich von der Hauptversammlung mit 2/3-Mehrheit gewählt. ☐
b) Der Aufsichtsrat wird ausschließlich vom Betriebsrat der AG gewählt. ☐
c) Der Aufsichtsrat wird ausschließlich vom Vorstand der AG gewählt. ☐
d) Der Aufsichtsrat wird ausschließlich von Vorstand und Hauptversammlung anteilig gewählt. ☐
e) Der Aufsichtsrat wird entsprechend der Größenordnung des Unternehmens von der Hauptversammlung (AR-Vertreter der Anteilseigner) und von der Belegschaft (AR-Vertreter der Arbeitnehmer) anteilig gewählt. ☐

Bedenken Sie:

Welche Interessen vertreten Hauptversammlung, Aufsichtsrat, Betriebsrat und Belegschaft? Wer hat Interesse an einer Vertretung im Aufsichtsrat? Lesen Sie im AktG die Paragraphen 95 und 101, im BetrVG die Paragraphen 10 und 129, im MitbestG den § 7 sowie im MG den § 4 durch.

Frage 52

Das Aktiengesetz (AktG) schreibt die Höhe des Mindestkapitals einer AG vor. Wie hoch muß der Mindestnennbetrag des Grundkapitals bei einer AG sein?

Mindestkapital bei der AG

a) Der Mindestnennbetrag des Grundkapitals liegt bei 25.000 DM. ☐
b) Der Mindestnennbetrag des Grundkapitals liegt bei 50.000 DM. ☐
c) Der Mindestnennbetrag des Grundkapitals liegt bei 20.000 DM. ☐
d) Der Mindestnennbetrag des Grundkapitals liegt bei 100.000 DM. ☐
e) Der Mindestnennbetrag des Grundkapitals kann durch eine 2/3-Mehrheit der Hauptversammlung aufgehoben werden. ☐

Bedenken Sie:

Die genannten Beträge existieren oder existierten bei verschiedenen Gesellschaftsformen tatsächlich. Arbeiten Sie ausführlich das Lehrbuch durch, und lesen Sie insbesondere die Paragraphen 6 und 7 des AktG sowie den § 266 des HGB durch.

Frage 53

Aus welchen Kapitalbeträgen setzt sich das Grundkapital einer Aktiengesellschaft zusammen? **Zusammensetzung Grundkapital**

a) Börsenwert aller Aktien ☐
b) Nennwert aller Aktien ☐
c) Bewertung des Kapitals durch den Steuerberater ☐
d) Bewertung des Kapitals durch den Aufsichtsrat als Vertreter der Gesellschafter ☐
e) Abstimmung bei der Hauptversammlung ☐

Bedenken Sie:

Das Aktiengesetz gibt Auskunft über die Fragestellung und die Antwort, insbesondere die §§ 6 und 7.

Frage 54

Zu welchem Wert dürfen neue Aktien ausgegeben werden? **Wert der Aktie**

a) Zum Durchschnitt der Angebote potentieller Käufer bei der Neuausgabe ☐
b) Auf jeden Fall unter dem Nennwert ☐
c) Auf jeden Fall zum Nennwert ☐
d) Auf keinen Fall unter dem Nennwert ☐
e) Wenn die Aktien unterhalb des Nennwertes verkauft werden, muß der Aufsichtsrat die Differenz zum Nennwert ausgleichen ☐

Bedenken Sie:

Überlegen Sie, ob ein Unternehmen, das neue Aktien unterhalb des Nennwertes verkauft, Vorteile davon hätte. Prüfen Sie auch nach, was der Begriff Agio bedeutet!

Frage 55

Welche Definition einer Aktie ist allgemein gebräuchlich?   **Definition Aktie**

- a) Eine Aktie ist eine Urkunde über die Beteiligung an den Sachwerten einer Aktiengesellschaft. ☐
- b) Eine Aktie ist eine Urkunde, die den Aufsichtsrat gegenüber dem Vorstand ausweist. ☐
- c) Eine Aktie ist eine Urkunde, die den Vorstand gegenüber dem Aufsichtsrat ausweist. ☐
- d) Eine Aktie ist eine Urkunde über eine Forderung gegenüber einer Aktiengesellschaft. ☐
- e) Eine Aktie ist eine Urkunde über die Beteiligung an einer Aktiengesellschaft. ☐

Bedenken Sie:

Überlegen Sie, auf welche Weise Vorstand und Aufsichtsrat zustande kommen. Überlegen Sie weiter, auf welche Weise wohl der Besitz an einer Aktiengesellschaft dokumentiert werden könnte. Im Aktiengesetz hilft § 8 weiter.

Frage 56

Welche Aussagen über die Art der Gründung sind nach dem Aktienrecht korrekt?   **Gründungsarten**

- a) In der Satzung ist festzulegen, ob eine Bargründung oder eine Sachgründung erfolgen soll. ☐
- b) Es ist nicht erforderlich, die Art der Gründung bereits in der Satzung festzuschreiben. ☐
- c) Bei der Bargründung werden die Einlagen der Aktionäre durch Einzahlungen geleistet. ☐
- d) In Deutschland sind bei Aktiengesellschaften ausschließlich Bargründungen erlaubt. ☐
- e) Bei der Sachgründung bringen die Aktionäre statt Bargeld z. B. Sachen und Rechte in die AG ein. ☐

Bedenken Sie:

Die §§ 54 und 27 AktG geben die richtigen Antworten zur Gründungsart. Manchmal sind Gesetzestexte leicht verständlich!

Frage 57

Welche Rechtsform haben die Gründer einer Aktiengesellschaft bis zur Eintragung ins Handelsregister? **Vorgesellschaft**

- a) Die Gründer haben vorher bereits die Rechtsform einer Aktiengesellschaft, wenn dies in der Satzung so festgehalten wurde. ☐
- b) Die Gründer haben vorher die Rechtsform einer GmbH, wenn es zu einer Sachgründung kommen soll. ☐
- c) Die Gründer haben vorher die Rechtsform einer BGB-Gesellschaft, da es sich nur um eine Übergangsform handelt. ☐
- d) Die Gründer haben vorher keine Rechtsform, da dies nicht erforderlich ist. ☐
- e) Die Gründer müssen vorher eine OHG gründen, damit die Vermögensverhältnisse geklärt sind. ☐

Bedenken Sie:

Auch hier hilft wieder ein Blick ins Aktiengesetz weiter. Der § 41 ist eine gute Lektüre.

Frage 58

Welche Organe eines Unternehmens gehören zur Rechtsform der Aktiengesellschaft? **Organe der Aktiengesellschaft**

- a) Vorstand ☐
- b) Aufsichtsrat ☐
- c) Betriebsrat ☐
- d) Aktionäre ☐
- e) Hauptversammlung ☐

Bedenken Sie:

Denken Sie einmal über eine Veranstaltung der jüngsten Zeit nach, in der eine Aktiengesellschaft gegenüber ihren Aktionären Rechenschaft ablegte. Welche Organe werden in solchen Berichten erwähnt?

Frage 59

Welche der folgenden Rechte sind nicht die eines Aktionärs?

Rechte eines Aktionärs

a) Recht auf Teilnahme an der Hauptversammlung ☐

b) Recht auf Mitsprache bei der Wahl des Betriebsrates ☐

c) Stimmrecht in der Hauptversammlung nach Aktiennennbeträgen ☐

d) Recht auf Auszahlung des Agio nach der Ausgabe neuer Aktien ☐

e) Anfechtung eines Beschlusses der Hauptversammlung wegen Verletzung des Gesetzes oder der Satzung ☐

Bedenken Sie:

Wenn Sie die §§ 118, 134, 243 im Aktiengesetz nachlesen, haben Sie schon einen großen Schritt zur Lösung getan.

Frage 60

Der gesamtwirtschaftliche Schaden, der durch den finanziellen Zusammenbruch einer Aktiengesellschaft entstehen würde, macht eine Reihe von Bestimmungen zum Schutze der wirtschaftlichen Partner erforderlich. Welche der folgenden Bestimmungen gehören nicht in diesen Zusammenhang?

Bedeutung der Aktiengesellschaft

a) Bankenschutz ☐

b) Aktionärsschutz ☐

c) Arbeitnehmerschutz ☐

d) Gläubigerschutz ☐

e) Öffentlichkeitsschutz ☐

Bedenken Sie:

Welche gesellschaftlichen Gruppen sollten wohl am ehesten in einer sozialen Marktwirtschaft geschützt werden?

Frage 61

Welche Aussage über die rechtliche Konstruktion einer GmbH & Co. KG ist richtig?   **GmbH & Co. KG**

a) Einziger Kommanditist (Teilhafter) der GmbH & Co. KG ist eine GmbH. ☐
b) Einer der Kommanditisten (Teilhafter) der GmbH & Co. KG ist eine GmbH. ☐
c) Einer der Komplementäre (Vollhafter) der GmbH & Co. KG ist eine GmbH. ☐
d) Einziger Komplementär (Vollhafter) der GmbH & Co. KG ist eine GmbH. ☐
e) Die GmbH & Co. KG ist nur die Vorstufe zur Umwandlung in eine GmbH, deshalb gibt es keine Regelungen zur rechtlichen Konstruktion. ☐

Bedenken Sie:

In eine Falle werden Sie hoffentlich nicht tappen. Aber bei den anderen Behauptungen müssen Sie schon etwas genauer lesen! Lesen Sie in Ihrem Lehrbuch noch einmal das Kapitel KG durch, insbesondere den Teil über die Firma!

Frage 62

Ordnen Sie zu, indem Sie die Kennziffern der Unternehmensformen in die richtigen Kästchen eintragen: 1 trifft auf die AG zu; 2 trifft auf die OHG zu; 3 trifft auf die KG zu; 4 trifft auf die GmbH zu; 5 trifft auf GmbH und AG zu!   **Firma und Unternehmensform**

a) Der Name eines Vollhafters muß mindestens genannt sein. Die Namen der Teilhafter dürfen nicht in die Firma aufgenommen werden. ☐
b) Die Gesellschafter können zwischen einer Personen- oder einer Sachfirma oder einer entsprechenden Zusammensetzung wählen. Der Zusatz muß die Unternehmensform kennzeichnen. ☐
c) Der Name wenigstens eines Gesellschafters mit einem die Gesellschaft andeutenden Zusatz oder die Namen aller Gesellschafter des Unternehmens müssen in der Firma enthalten sein. ☐
d) Die Firma soll möglichst eine Sachfirma sein, der Zusatz muß die Unternehmensform kennzeichnen. ☐

Bedenken Sie:

Wenn Sie nicht ganz sicher sind, dann müssen Sie unbedingt das Kapitel „Firma" in Ihrem Lehrbuch noch einmal durcharbeiten!

4. Beschaffung und Lagerhaltung

4.1 Beschaffung

Frage 63

Auf welche Weise wird für ein Industrie- wie für ein Handelsunternehmen in der Regel der Einkauf von Roh-, Hilfs- und Betriebsstoffen, aber auch für Handelswaren, auf längere Zeit gesichert?

Sicherung des Einkaufs

a) Durch einen Vertrag über ein Fixgeschäft ☐
b) Durch einen Vertrag über einen normalen Spezifikationskauf ☐
c) Durch einen günstigen Vorauszahlungsvertrag ☐
d) Durch Abschluß eines Werklieferungsvertrages ☐
e) Durch langfristige Lieferverträge ☐

Bedenken Sie:

Lesen Sie im Lehrbuch das Kapitel über die verschiedenen Arten der Kaufverträge nach. Denken Sie erst einmal gut über die Bedeutung der einzelnen Kaufvertragsarten nach, bevor Sie antworten!

Frage 64

Mit welcher Aussage wird die Behauptung „Im Einkauf liegt der halbe Gewinn!" begründet?

Gewinn beim Einkauf

a) Weil in der Abteilung Einkauf die Kosten für Verwaltung und Werbung festgelegt werden. ☐
b) Weil die Tätigkeit der Abteilung Einkauf die Basis für die Verkaufskalkulation bildet. ☐
c) Weil die Abteilung Einkauf das Unternehmen nach außen hin repräsentiert. ☐
d) Weil günstige Einkaufsbedingungen die optimale Liquidität des Unternehmens garantieren. ☐
e) Die Aussage ist in der Betriebswirtschaftslehre sehr umstritten. ☐

Bedenken Sie:

Gehen Sie vor der Beantwortung die Funktionen des Einkaufs noch einmal durch. Überlegen Sie ebenfalls, von welchen Größen der Gewinn beeinflußt werden kann.

Frage 65

Die Aufgaben der Einkaufsabteilung sind auch in mittleren und kleinen Unternehmen vielfältig. Welche der folgenden Aufgaben gehört aber trotzdem nicht dazu?

Abgrenzung der Einkaufsaufgaben

a) Zu den Aufgaben der Einkaufsabteilung gehört das Schreiben und Absenden von Bestellungsannahmen. ☐
b) Zu den Aufgaben der Einkaufsabteilung gehört die Abwicklung von Mängelrügen gegenüber den Lieferanten. ☐
c) Zu den Aufgaben der Einkaufsabteilung gehört die Prüfung der eintreffenden Warenrechnungen. ☐
d) Zu den Aufgaben der Einkaufsabteilung gehört das Einholen von Angeboten. ☐
e) Zu den Aufgaben der Einkaufsabteilung gehört das Anmahnen überfälliger Lieferungen. ☐

Bedenken Sie:

Gehen Sie das Einkaufsverfahren auf der Beschaffungsseite wie auf der Lieferantenseite von der Bedarfsmeldung bis zum Wareneingang Schritt für Schritt durch, dann wissen Sie sehr schnell, welche Aufgabe nicht dazugehört.

Frage 66

Die Aufgaben des Einkaufs unterscheiden sich in die vier größeren Tätigkeitsbereiche Bedarfsermittlung, Bezugsquellenermittlung, Bestellung abwickeln und Lieferung überwachen. Welche der genannten Aufgabenstellungen gehören üblicherweise nicht zum Tätigkeitsbereich der Bedarfsermittlung?

Aufgaben der Bedarfsermittlung

a) Bei der Bedarfsermittlung wird die erwartete Umsatzmenge festgestellt. ☐
b) Bei der Bedarfsermittlung werden Angebote von Lieferanten eingeholt. ☐
c) Bei der Bedarfsermittlung werden die Lagerbestände festgestellt. ☐
d) Bei der Bedarfsermittlung wird der richtige Lieferant ausgewählt. ☐
e) Bei der Bedarfsermittlung wird der Einkauf geplant (Sortiment, Bestellmengen, Bestellzeiten, Einkaufspreise) ☐

Bedenken Sie:

Sie müssen präzise zwischen den Aufgaben der einzelnen Bereiche „Bedarfsermittlung", „Bezugsquellenermittlung", „Bestellung" und „Lieferung überwachen" unterscheiden.

Frage 67

Bei der Warenbeschaffung von Roh-, Hilfs- und Betriebsstoffen sowie bei Handelswaren treten häufig schwankende Marktpreise auf. Was ist deshalb bei jedem Beschaffungsvorgang unbedingt erforderlich?

Aufgaben vor der Beschaffung

- a) Die Lagerhaltungskosten müssen für die Kunden verteuert werden. ☐
- b) Es sollte ab und zu einmal eine Nachkalkulation vorgenommen werden. ☐
- c) Die Börsenkurse müssen auf jeden Fall regelmäßig beachtet werden. ☐
- d) Die vorliegenden Angebote müssen regelmäßig verglichen werden. ☐
- e) Die Einkaufskalkulation muß natürlich regelmäßig überprüft werden. ☐

Bedenken Sie:

Auf den ersten Blick scheinen fast alle Lösungen richtig zu sein, deshalb sollten Sie jede vorgeschlagene Antwortmöglichkeit genau auf die Fragestellung hin prüfen.

Frage 68

Von den Einkaufsabteilungen der unterschiedlichsten Industrie- und Handelsunternehmen werden täglich eine Vielzahl von Anfragen an Lieferanten verschickt. Welche rechtlichen Folgen hat aber nun eine Anfrage für die Beteiligten?

Rechtliche Wirkung der Anfrage

- a) Der potentielle Käufer verpflichtet sich, mit dem potentiellen Verkäufer einen Kaufvertrag abzuschließen. ☐
- b) Das angefragte Unternehmen muß auf jeden Fall ein Angebot abgeben. ☐
- c) Das anfragende Unternehmen verpflichtet sich, auf jeden Fall zu bestellen. ☐
- d) Eine Anfrage hat für die Beteiligten natürlich keinerlei rechtliche Wirkung. ☐
- e) Bei einer Anfrage handelt es sich um eine Kreditauskunft, die vertraulich ist. ☐

Bedenken Sie:

Der Sinn einer Anfrage liegt im späteren Vergleichen der Angebote! Überlegen Sie: Könnte es dabei überhaupt sinnvoll sein, rechtliche Wirkungen von Anfragen festzuschreiben?

Frage 69

Die Lieferanten der Jazor Elektro GmbH legen bei ihren Angeboten Wert auf Formulierungen wie „Liefertermin freibleibend" oder „Zwischenlieferung vorbehalten". Welche Bedeutung haben diese „Freizeichnungsklauseln" im Angebot für den Lieferanten?

Wirkung der Freizeichnungsklauseln

a) Der Lieferant ist je nach Formulierung an das gesamte Angebot oder bestimmte Teile des Angebotes nicht gebunden. ☐
b) Der Lieferant beschränkt mit solchen Formulierungen einen möglichen Schadenersatzanspruch wegen einer mangelhaften Lieferung. ☐
c) Der Lieferant haftet aufgrund solcher Formulierungen nicht für Sachmängel. ☐
d) Der Lieferant haftet auf keinen Fall für eventuell entstehende Versandfehler. ☐
e) Der Lieferant hat aufgrund dieser Formulierung ein Rücktrittsrecht vom Kaufvertrag, ohne daß es einer Fristsetzung bedarf. ☐

Bedenken Sie:

„Freizeichnungsklauseln" können gerade dann für den Lieferanten sehr notwendig sein, wenn er selbst auf Vorlieferanten angewiesen ist. Es gibt aber auch noch eine Vielzahl anderer Gründe, die Sie beim Durcharbeiten des Kapitels „Angebot" in Ihrem Lehrbuch finden werden.

Frage 70

Kann ein Lieferant der Jazor Elektro GmbH ein einmal abgegebenes schriftliches Angebot widerrufen?

Widerruf eines Angebotes

a) Ja, aber nur innerhalb von drei Tagen. ☐
b) Ja, aber nur per Telegramm. ☐
c) Ja, aber nur spätestens gleichzeitig mit dem Eingang des Angebotes beim Anfragenden. ☐
d) Ja, aber nur innerhalb von acht Tagen nach dem Eintreffen des Angebotes beim Anfragenden. ☐
e) Nein, für den Anfragenden muß eine Rechtssicherheit bestehen. ☐

Bedenken Sie:

Welche Funktion hat ein Angebot für den Anfragenden? Müssen der Anbietende und der Anfragende vor Irrtümern geschützt werden?

Frage 71

Welche der folgenden Angaben werden in einem schriftlichen Angebot, das bei der Jazor Elektro GmbH eintrifft, üblicherweise enthalten sein?

Inhalt eines Angebotes

a) Angabe der Anschrift des jeweiligen Frachtführers für die Zustellung der Ware ☐

b) Angabe des Preises je Mengeneinheit ☐

c) Übernahme der Transport- und Verpackungskosten ☐

d) Angabe der Telefonnummer für die Reklamationsbearbeitung ☐

e) Art, Güte und Qualität der Ware ☐

Bedenken Sie:

Es ist zwar bei vielen Unternehmen unterschiedlich geregelt, was in einem Angebot enthalten sein muß, aber einige Fakten müssen auf jeden Fall hinein. Überlegen Sie genau, welche Informationen der Anfragende unbedingt benötigt, dann fällt die Antwort schon leichter.

Frage 72

Auf welche Weise kann die Jazor Elektro GmbH eine Bestellung bei einem Lieferanten rechtsverbindlich erteilen?

Rechtsverbindliche Bestellungen

a) Die Bestellung kann von der Jazor Elektro GmbH ausdrücklich nur schriftlich erfolgen. ☐

b) Die Bestellung kann von der Jazor Elektro GmbH ausdrücklich nur mündlich erfolgen. ☐

c) Die Bestellung des Kunden wird nur nach einer Bestellungsannahme (Auftragsbestätigung) an die Jazor Elektro GmbH gültig. ☐

d) Die Bestellung des Kunden wird nur nach einem vorausgehenden verbindlichen Angebot an die Jazor Elektro GmbH gültig. ☐

e) Die Bestellung kann formfrei erfolgen, d. h. mündlich wie schriftlich. ☐

Bedenken Sie:

Welche Art und Weise der Bestellung wird in der täglichen Praxis durchführbar sein? Wie ist das in Ihrem Ausbildungsbetrieb geregelt? Gilt dort die gesetzliche Regelung (im Lehrbuch nachschlagen) oder eine andere?

Frage 73

Oft werden von Unternehmen nur kleine Mengen eines bestimmten Stoffes oder einer bestimmten Ware bestellt, obwohl es bei einer größeren Menge höhere Rabatte gäbe. Was kann der Grund dafür sein?

Kleinmengen bestellen

a) Der Besteller kann auf diese Weise bessere Zahlungsbedingungen durchsetzen. ☐
b) Der Besteller kann auf diese Weise Mindermengenzuschläge einsparen. ☐
c) Der Besteller kann auf diese Weise die Bestellkosten je Mengeneinheit senken. ☐
d) Der Besteller vermeidet die technische Überalterung seiner Vorräte. ☐
e) Der Besteller hat sich dabei nichts gedacht. ☐

Bedenken Sie:

Auch wenn die Lösung einfach aussieht, sollte man darüber nachdenken, ob in den anderen Antworten nicht doch ein Körnchen Wahrheit steckt. Hier sollte jede Antwortmöglichkeit gut durchdacht sein und auf die Fragestellung geprüft werden, bevor man antwortet. Denken Sie bei der Lösung mal an den Bereich der EDV!

Frage 74

Kann die Jazor Elektro GmbH eine Bestellung bei ihrem Lieferanten widerrufen?

Widerruf einer Bestellung

a) Ja, natürlich immer. ☐
b) Ja, aber nur innerhalb einer Woche nach dem Eingang der Bestellung. ☐
c) Ja, aber nur innerhalb von 14 Tagen nach dem Eingang der Bestellung. ☐
d) Ja, aber spätestens mit dem Eintreffen der Bestellung beim Lieferanten. ☐
e) Ja, und zwar genau bis vor dem Versand der Ware. ☐

Bedenken Sie:

Arbeiten Sie das Lehrbuch durch, und lesen Sie im BGB insbesondere den Paragraphen 130 durch! Denken Sie auch noch mal darüber nach, wie der Widerruf eines Angebotes geregelt ist.

Frage 75

Wie nennt man die Zeitspanne, die zwischen einer Bestellung und dem Wareneingang liegt?

Liefervorgang

a) Umschlagdauer ☐
b) Lieferzeit ☐
c) Bestimmungszeit ☐
d) Erfüllungszeit ☐
e) Time lag ☐

Bedenken Sie:

Gehen Sie das Einkaufsverfahren einmal durch, überlegen Sie, wie die einzelnen Vorgänge bezeichnet werden, dann stoßen Sie schnell auf die richtige Lösung!

Frage 76

Was hat die Jazor Elektro GmbH als Empfänger einer Ware noch bei Anwesenheit des Überbringers (z. B. des Frachtführers, des Paketboten) unbedingt zu prüfen?

Prüfung beim Wareneingang

a) Die Jazor Elektro GmbH muß prüfen, ob die Anschrift stimmt, ob die Anzahl der Versandstücke mit dem Lieferschein übereinstimmt, ob die äußere Verpackung bzw. die unverpackte Ware erkennbare Mängel aufweist. ☐
b) Die Jazor Elektro GmbH muß prüfen, ob die Auslieferungsdaten ab Werk stimmen. ☐
c) Die Jazor Elektro GmbH muß prüfen, ob der Eingangsvermerk der gelieferten Ware in den Bestellunterlagen vorhanden ist. ☐
d) Die Jazor Elektro GmbH muß prüfen, ob Güte, Beschaffenheit und Eigenschaften der Ware der Bestellung entsprechen. ☐
e) Die Jazor Elektro GmbH muß prüfen, ob die Anschrift des Frachtführers auf dem Lieferschein steht. ☐

Bedenken Sie:

Lesen Sie im HGB das Kapitel über den „Handelskauf" durch, insbesondere den Paragraphen 377, das hilft Ihnen weiter! Versetzen Sie sich aber auch in Ihrem Ausbildungsbetrieb in die praktische Situation der Warenannahme, was muß dort unbedingt geprüft werden, solange der Frachtführer noch anwesend ist?

Frage 77

Üblicherweise enthält jede Warensendung, die bei der Jazor Elektro GmbH eintrifft, einen Lieferschein oder eine Kopie des Lieferscheins. Warum sollte er eigentlich immer der Warensendung beigefügt sein? Wozu wird er benötigt?

Funktion des Lieferscheins

a) Der Lieferschein erspart dem Lieferanten die Ausstellung einer Rechnung. ☐
b) Der Lieferschein ist die genaue Unterlage für die Erteilung einer Mängelrüge, wenn die Ware beschädigt ist. ☐
c) Der Lieferschein dient zur Feststellung des Absenders der Ware bei einem möglichen Teilverlust der Sendung. ☐
d) Der Lieferschein dient als Quittung für die Bezahlung der Anfuhrspesen. ☐
e) Der Lieferschein dient zur Überprüfung auf Vollständigkeit der Sendung durch den Empfänger. ☐

Bedenken Sie:

Wie ist es in Ihrem Ausbildungsbetrieb geregelt? Wie wird dort der Vorgang der Warenannahme abgewickelt? Welche Arbeiten sind vorzunehmen? Welche Funktion hat dabei der Lieferschein?

Frage 78

Damit eingehende Sendungen von den Mitarbeitern ordnungsgemäß angenommen und geprüft werden können, benötigt die Warenannahme der Jazor Elektro GmbH unbedingt eine Kopie ...

Prüfung des Wareneingangs

a) ... des Angebotes aus dem Einkauf. ☐
b) ... der Bedarfsmeldung des Lagers. ☐
c) ... der Bestellung des Einkaufs. ☐
d) ... der Eingangsrechnung aus der Buchhaltung. ☐
e) ... des Lieferscheines. ☐

Bedenken Sie:

Auch hier gilt es für Sie wieder, den praktischen Fall in der Warenannahme Ihres Ausbildungsbetriebes durchzugehen. Überlegen Sie außerdem, welche Abteilung des Betriebes welche Kontrollfunktion hat, und überlegen Sie ebenfalls, welche Dokumente dazu jeweils von den Mitarbeitern benötigt werden.

Frage 79

Bei der Jazor Elektro GmbH wird von einem Frachtführer eine Sendung angeliefert, deren Verpackung beschädigt ist. Was ist von dem zuständigen Mitarbeiter Manfred Huber zunächst zu erledigen?

Beschädigung der Verpackung

a) Der Mitarbeiter Manfred Huber muß den Spediteur auffordern zu warten, bis die Sendung ausgepackt ist und auf eventuelle Mängel geprüft wurde. ☐
b) Der Mitarbeiter Manfred Huber muß sich die äußerlich erkennbare Art der Beschädigung vom Spediteur bestätigen lassen und die Sendung behalten. ☐
c) Der Mitarbeiter Manfred Huber muß die Sendung annehmen und erst später bei der Feststellung etwaiger Mängel reklamieren. ☐
d) Der Mitarbeiter Manfred Huber muß die Sendung in jedem Fall annehmen und zurückschicken. ☐
e) Der Mitarbeiter Manfred Huber muß nichts erledigen, da eine Reklamation der beschädigten Verpackung sowieso sinnlos wäre. ☐

Bedenken Sie:

Welche Rechte hat ein Kunde? Wie kann ein Kunde diese Rechte geltend machen? Wie kann ein Kunde den Grund für die Inanspruchnahme beweisen?

Frage 80

Im Einkauf der Jazor Elektro GmbH werden Bestellung, Lieferschein und Rechnung miteinander verglichen. Was wird hier von der Auszubildenden Tanja Kister geprüft?

Rechnungskontrolle

a) Tanja Kister muß auf diese Weise prüfen, ob die Lieferfähigkeit der Jazor Elektro GmbH gewährleistet ist. ☐
b) Tanja Kister muß auf diese Weise die rechnerische Richtigkeit der Rechnung prüfen. ☐
c) Tanja Kister muß auf diese Weise die sachliche Richtigkeit der Rechnung prüfen. ☐
d) Tanja Kister muß auf diese Weise die Waren im Rahmen der permanenten Inventur prüfen. ☐
e) Tanja Kister muß die Richtigkeit der Warenbeschaffenheit prüfen. ☐

Bedenken Sie:

Gehen Sie den Arbeitsablauf in Ihrem Ausbildungsbetrieb durch. Welche Abteilungen müssen unbedingt mit welchen Unterlagen welche Vorgänge prüfen?

Frage 81

Wenn eine Rechnung in die Buchhaltung gegeben werden soll, muß sie „buchungsreif" sein. In welchem Fall wird eine Eingangsrechnung wohl als „buchungsreif" erklärt werden?

Bearbeitung der Eingangsrechnung

a) Der Einkaufs- und der Verkaufswert auf der Rechnung sind auf ihre Übereinstimmung hin geprüft worden. ☐
b) Die Rechnung ist im Terminkalender bzw. auf dem entsprechenden Datenträger gelöscht worden. ☐
c) Die Rechnung ist von der Poststelle mit dem Posteingangsstempel versehen worden. ☐
d) Die Rechnung wurde sachlich und rechnerisch auf ihre Richtigkeit geprüft. ☐
e) Das Skonto der Rechnung wurde errechnet und vom Endbetrag abgezogen. ☐

Bedenken Sie:

„Buchungsreif" bedeutet, daß die Originalrechnung in den Kreislauf des Rechnungswesens geleitet wird. Dort wird sie unter anderem zur Zahlung aufbereitet.

Frage 82

Nach welchen Belegen werden bei der Jazor Elektro GmbH in der Regel die Eingänge von Roh-, Hilfs- und Betriebsstoffen sowie von Handelswaren ins entsprechende Lager verbucht?

Verbuchung im Lager

a) Die Jazor Elektro GmbH wird natürlich den Eingang im Lager nach den Bestellkopien buchen. ☐
b) Die Jazor Elektro GmbH wird natürlich den Eingang im Lager anhand der Lagerfachkarten buchen. ☐
c) Die Jazor Elektro GmbH wird natürlich den Eingang im Lager nach den Lieferscheinen buchen. ☐
d) Die Jazor Elektro GmbH wird natürlich den Eingang im Lager nach den Packzetteln des Lieferanten buchen. ☐
e) Die Jazor Elektro GmbH wird natürlich den Eingang im Lager nach den Rechnungen buchen. ☐

Bedenken Sie:

Gehen Sie das Verfahren der Warenannahme und der Übergabe an das Lager in Gedanken durch. Überlegen Sie auch, welche Funktionen die einzelnen Dokumente haben. Welche davon sind von wem geprüft worden?

4.2 Störungen des Kaufvertrages

Frage 83

Wie wird die Jazor Elektro GmbH eine „Reklamation" beim Wareneingang kaufmännisch korrekt bezeichnen?   **Reklamation**

a) Die kaufmännisch korrekte Bezeichnung dafür lautet Beanstandung. ☐
b) Die kaufmännisch korrekte Bezeichnung dafür lautet Einspruch. ☐
c) Die kaufmännisch korrekte Bezeichnung dafür lautet Garantieforderung. ☐
d) Die kaufmännisch korrekte Bezeichnung dafür lautet Mängelrüge. ☐
e) Die kaufmännisch korrekte Bezeichnung dafür lautet Protest (Widerspruch). ☐

Bedenken Sie:

Wenn Sie nicht sofort darauf kommen, dann arbeiten Sie im Lehrbuch das Kapitel „Störungen des Kaufvertrages" durch, dann wird Ihnen die Antwort leichter fallen.

Frage 84

Das Fixgeschäft kann schwerwiegende rechtliche Folgen nach sich ziehen. Welches ist nun das besondere Merkmal eines Fixgeschäftes?   **Fixkauf**

a) Das Fixgeschäft ist eine Zusicherung für eine besonders schnelle (fixe) Lieferung. ☐
b) Das Fixgeschäft schließt die Anfechtbarkeit des Kaufvertrages zwingend aus. ☐
c) Das Fixgeschäft bezeichnet eine genau definierte (fixierte) Menge, die bestellt wird. ☐
d) Beim Fixgeschäft handelt es sich um die Vereinbarung (Fixierung) eines Festpreises. ☐
e) Beim Fixgeschäft geht es um einen genau festgelegten (fixierten) Liefertermin. ☐

Bedenken Sie:

Fixieren kann im deutschen Sprachgebrauch eine Reihe von Bedeutungen haben, im Kaufmännischen steht der Begriff „Fixgeschäft" aber nur für einen einzigen Sachverhalt, der eben so definiert und natürlich so zu lernen ist.

Frage 85

Es gibt unterschiedliche Arten von Mängeln. Wenn eine erhaltene Warensendung nicht den Mustern entspricht, die man dem Lieferanten vorher zugeschickt hatte, dann spricht man von einem ...

Arten der Mängelrüge

a) ... Beschaffenheitsmangel. ☐
b) ... Gattungsmangel. ☐
c) ... Qualitätsmangel. ☐
d) ... Quantitätsmangel. ☐
e) ... Rechtsmangel. ☐

Bedenken Sie:

Arbeiten Sie auf jeden Fall in Ihrem Lehrbuch das Kapitel „Mängelrüge" durch, bevor Sie antworten. Hier handelt es sich um einen etwas schwierigeren Fall, deshalb ist bei der spontanen Antwort Vorsicht geboten!

Frage 86

Die Jazor Elektro GmbH erhält eine Warensendung, die ganz offensichtlich mit Mängeln behaftet ist. In welchem Zeitraum muß sie in ihrer Eigenschaft als Kaufmann einen offenen Mangel rügen?

Fristen bei der Mängelrüge

a) Ein offener Mangel muß innerhalb eines Monats nach Lieferung gerügt werden. ☐
b) Ein offener Mangel muß innerhalb eines Jahres nach Lieferung gerügt werden. ☐
c) Ein offener Mangel muß innerhalb von 6 Monaten nach Entdeckung gerügt werden. ☐
d) Ein offener Mangel muß innerhalb von 6 Monaten nach Lieferung gerügt werden. ☐
e) Ein offener Mangel muß unverzüglich nach Entdeckung gerügt werden. ☐

Bedenken Sie:

Auch hier gilt wieder: Arbeiten Sie das Kapitel „Mängelrüge" in Ihrem Lehrbuch durch, falls Sie es nicht schon bei der vorherigen Aufgabe getan haben. Achtung: Die Frist unterscheidet sich bei Kaufleuten und bei Nicht-Kaufleuten! An Kaufleute wird meistens eine höhere Erwartung gestellt, wenn es um die korrekte Abwicklung von Mängelrügen geht.

Frage 87

Bei der Jazor Elektro GmbH trifft Ware ein, die kleinere Fehler aufweist. Welches angemessene Recht kann sie jetzt als Käufer bei einer Mängelrüge geltend machen?

Recht bei der Mängelrüge

a) Die Jazor Elektro GmbH kann die Lieferung mängelfreier Ware verlangen. ☐
b) Die Jazor Elektro GmbH kann die Minderung des Kaufpreises verlangen. ☐
c) Die Jazor Elektro GmbH kann Schadenersatz wegen Nichterfüllung verlangen. ☐
d) Die Jazor Elektro GmbH kann Wandlung des Kaufvertrages verlangen. ☐
e) Kleinere Fehler führen natürlich in keinem Fall zu einer Mängelrüge. ☐

Bedenken Sie:

Arbeiten Sie im Lehrbuch unbedingt das Kapitel „Mängelrüge" aufmerksam durch. Lesen Sie ergänzend dazu im Gesetzestext die entsprechenden Paragraphen durch, insbesondere die §§ 462, 463 und 480 BGB.

Frage 88

Leider hat ein Lieferant der Jazor Elektro GmbH in seinem Angebot nicht ausdrücklich erwähnt, wann der Rechnungsbetrag zu zahlen ist. Wann ist nach der gesetzlichen Lage (BGB) die Kaufpreissumme fällig?

Fälligkeit des Kaufpreises

a) Die Jazor Elektro GmbH kann sich bis zu drei Monaten nach der Lieferung zur Zahlung Zeit lassen. ☐
b) Die Jazor Elektro GmbH muß innerhalb eines Monats nach Lieferung bezahlen. ☐
c) Die Jazor Elektro GmbH kann den Zahlungstermin selbst festsetzen. ☐
d) Die Jazor Elektro GmbH muß unverzüglich nach Lieferung der Ware zahlen. ☐
e) Die Jazor Elektro GmbH muß vor der Warenlieferung zahlen, weil nichts anderes vereinbart wurde. ☐

Bedenken Sie:

Arbeiten Sie im Gesetzestext die Paragraphen zur „Verpflichtung zur Leistung" ab § 241 BGB durch, insbesondere die Paragraphen 193, 270 und 271 BGB. Gerade § 271 ist zur Beantwortung dieser Frage sehr eindeutig und verständlich formuliert.

4.3 Lagerhaltung

Frage 89

Die Aufgaben der Lagerverwaltung sind nicht nur in einem Industriebetrieb, sondern auch in Handelsbetrieben recht umfangreich und vielfältig. Welche der folgenden Aufgaben ist trotzdem keine übliche Aufgabe der Lagerverwaltung?

Aufgaben der Lagerverwaltung

a) Überfällige Lieferungen sind bei den entsprechenden Lieferanten anzumahnen. ☐
b) Alle Lager-Eingänge und Lager-Ausgänge sind aufzuzeichnen. ☐
c) Stoffe und Handelswaren sind ordnungsgemäß zu lagern und bei Anforderung auszugeben. ☐
d) Der Stoffe- und Warenbestand ist zu pflegen. ☐
e) Es ist eine regelmäßige Bestandskontrolle durchzuführen. ☐

Bedenken Sie:

Prüfen Sie die genannten Arbeitsvorgänge in Ihrem Ausbildungsbetrieb, dann wird Ihnen schon sehr schnell auffallen, welche Tätigkeit von einer anderen Abteilung vorgenommen wird.

Frage 90

Auch im Lager wird mit aussagekräftigen Kennziffern gearbeitet. Was versteht man dabei unter einem durchschnittlichen Lagerbestand?

Kennziffern im Lager

a) Der durchschnittliche Lagerbestand ist der Bestand der gesamten Wirtschaft im Jahresdurchschnitt. ☐
b) Der durchschnittliche Lagerbestand ist der tatsächliche Bestand im Durchschnitt einer Geschäftsperiode. ☐
c) Der durchschnittliche Lagerbestand ist der Bestand zur Jahresmitte. ☐
d) Der durchschnittliche Lagerbestand ist der Bestand zur Monatsmitte. ☐
e) Der durchschnittliche Lagerbestand ist natürlich die ungefähre Schätzung des Lagerbestandes. ☐

Bedenken Sie:

Auch hier darf natürlich der Hinweis auf das Durcharbeiten des entsprechenden Kapitels im Lehrbuch nicht fehlen!

Frage 91

Was versteht man unter dem „Eisernen Bestand" (Mindestbestand) eines Lagers? **Eiserner Bestand**

a) Der „Eiserne Bestand" ist die durchschnittliche Lagerdauer der Bestände. ☐
b) Der „Eiserne Bestand" ist der durchschnittliche Bestand eines Lagers. ☐
c) Der „Eiserne Bestand" ist der Höchstbestand, der je nach Verbrauch und Beschaffungszeit errechnet wird. ☐
d) Der „Eiserne Bestand" ist der Höchstbestand eines Handelswaren-Lagers. ☐
e) Der „Eiserne Bestand" ist der Bestand, der zur reibungslosen Aufrechterhaltung der Produktion (Stoffelager) bzw. zur Kundenbefriedigung (Handelswarenlager) mindestens am Lager sein muß. ☐

Bedenken Sie:

Im Lehrbuch finden Sie im Kapitel „Lagerkennzahlen" die Definitionen zum „Eisernen Bestand". Arbeiten Sie das ganze Kapitel gut durch, wir kommen nochmals darauf zurück.

Frage 92

Welche der folgenden Angaben werden üblicherweise nicht in der Lagerbuchhaltung festgehalten? **Lagerbuchhaltung**

a) Ein- und Ausgangsdatum der Bestandsveränderungen ☐
b) Ein- und Ausgangsmenge der Bestandsveränderungen an Stoffen und Handelswaren ☐
c) Ein- und Verkaufspreis der ein- und ausgehenden Stoffe und Handelswaren ☐
d) Aktuelle Handelsspanne für die eingelagerten Stoffe und Handelswaren ☐
e) Mindest- und Höchstbestand der einzelnen Bestände an Stoffen und Handelswaren ☐

Bedenken Sie:

Die Praxis der Lagerbuchhaltung ist da sehr eindeutig. Überprüfen Sie das Arbeitsgebiet in Ihrem Ausbildungsbetrieb, dann werden Sie schnell auf die richtige Lösung kommen! Sie können auch im Lehrbuch unter „Lagerkontrolle" nachlesen. Achten Sie bei der Lösung unbedingt auf das kleine Wörtchen „nicht" in der Fragestellung.

Frage 93

Tina York, Auszubildende der Jazor Elektro GmbH, wird von ihrem Ausbilder gefragt, was der Meldebestand sei. Was wird Tina York wohl antworten?

Meldebestand

a) Der Meldebestand ist der Bestand, bei dem die Buchhaltung zu benachrichtigen ist. ☐
b) Der Meldebestand ist der Bestand, der eine Bedarfsmeldung an den Einkauf und danach eine Bestellung durch den Einkauf auslöst. ☐
c) Der Meldebestand ist der Bestand mit den günstigsten Lagerhaltungskosten. ☐
d) Der Meldebestand ist nur ein anderer Begriff für den „Eisernen Bestand". ☐
e) Der Meldebestand ist der Neubestand, der die Kapazität des Lagers übersteigt. ☐

Bedenken Sie:

Gehen Sie vom Namen aus, dann kommen Sie schnell auf die richtige Lösung, sonst spätestens jetzt im Lehrbuch unter Kapitel „Lagerbestände" nachlesen.

Frage 94

Bei der Lagerbestandsaufnahme (Inventur) ergibt sich im neuen Außenlager der Jazor Elektro GmbH bei den Kabelschuhen ein höherer Ist-Bestand als der Soll-Bestand auf der Lagerkarte anzeigt. Welche Ursache ist dafür denkbar?

Differenzen beim Lagerbestand

a) Wahrscheinlich ist die Handelsware durch Diebstahl abhanden gekommen. ☐
b) Wahrscheinlich ist eine eingegangene Sendung doppelt erfaßt worden. ☐
c) Wahrscheinlich ist eine Materialausgabe nicht korrekt verbucht worden. ☐
d) Wahrscheinlich handelt es sich um eine Privatentnahme des Unternehmers. ☐
e) Wahrscheinlich ist ein Wareneingang nicht korrekt erfaßt worden. ☐

Bedenken Sie:

Wie entsteht ein zu hoher Soll-Bestand, wie entsteht ein zu niedriger Soll-Bestand? Überlegen Sie, welche Auswirkungen die unter a) bis e) genannten Vorgänge auf die Lagerbuchführung haben.

Frage 95

Die Auszubildende Tina York wird von ihrem Ausbilder noch einmal zum Thema Lagerhaltung gefragt: „Welchen Nachteil wird wahrscheinlich ein zu großer Lagerbestand haben?" Was könnte eine mögliche (und richtige) Antwort von Tina sein?

Nachteile zu hoher Lagerbestände

a) Bei einem zu großen Lagerbestand ist die Auswahl nicht immer ausreichend. ☐
b) Bei einem zu großen Lagerbestand entstehen bei verspäteter Lieferung auf jeden Fall Engpässe. ☐
c) Bei einem zu großen Lagerbestand ist ein fallender Gewinn zu erwarten. ☐
d) Bei einem zu großen Lagerbestand wird wahrscheinlich der Verkauf stocken. ☐
e) Ein zu großer Lagerbestand ist für ein Unternehmen nie ein Nachteil. ☐

Bedenken Sie:

Hier hilft es sehr, wenn Sie die Logik der einzelnen Antworten in bezug zum Problem prüfen. Ist jede Aussage in sich stimmig?

Frage 96

Auch ein zu geringer Lagerbestand kann ähnlich wie ein zu hoher Lagerbestand zu bestimmten Folgen führen. Was kann z. B. eine Folge einer Verringerung des Lagerbestandes sein?

Verringerung von Lagerbeständen

a) Eine Verringerung des Lagerbestandes führt zu höheren Umsätzen. ☐
b) Eine Verringerung des Lagerbestandes führt zu einer längeren Lagerdauer. ☐
c) Eine Verringerung des Lagerbestandes führt zu Lieferengpässen. ☐
d) Eine Verringerung des Lagerbestandes führt zu einer niedrigeren Umschlagshäufigkeit. ☐
e) Eine Verringerung des Lagerbestandes führt zu einem vielfältigeren Warensortiment. ☐

Bedenken Sie:

Der Lagerbestand und seine Folgen! Wenn Sie das Lehrbuch gut durchgearbeitet haben, fällt Ihnen die Antwort wahrscheinlich leicht. Andernfalls verfolgen Sie noch einmal Ihre Gedankengänge bei einem zu hohen Lagerbestand, und setzen Sie diese Überlegungen fort. Durchdenken Sie jede der oben genannten Aussagen, ob sie richtig sein könnte, das hilft zur Entscheidungsfindung.

Frage 97

Wie lautet die Formel zur Berechnung der durchschnittlichen Lagerdauer von Stoffen und Handelswaren?

Durchschnittliche Lagerdauer

a) $\dfrac{\text{Jahresanfangsbestand + Jahresendbestand}}{2}$ ☐

b) $\dfrac{360 \text{ Tage}}{\text{Umschlagshäufigkeit}}$ ☐

c) $\dfrac{\text{Umschlagshäufigkeit} \times 360 \text{ Tage}}{\text{Jahresanfangsbestand}}$ ☐

d) $\dfrac{\text{Wareneinsatz zu Einstandspreisen}}{\text{durchschnittlicher Lagerbestand}}$ ☐

e) $\dfrac{\text{Warenumsatz}}{\text{durchschnittlicher Lagerbestand}}$ ☐

Bedenken Sie:

Da hilft nichts, Formeln sollten Sie auf Anhieb präsent haben, für lange Ableitungen haben Sie im Prüfungsfall keine Zeit!

Frage 98

Wie lautet die Formel zur Berechnung der Lagerumschlagshäufigkeit von Stoffen und Handelswaren?

Häufigkeit des Lagerumschlags

a) $\dfrac{\text{durchschnittlicher Lagerbestand}}{\text{Wareneinsatz}}$ ☐

b) $\dfrac{\text{Wareneinsatz}}{\text{durchschnittlicher Lagerbestand}}$ ☐

c) $\dfrac{360}{\text{durchschnittlicher Lagerbestand}}$ ☐

d) $\dfrac{\text{Jahresanfangsbestand + Jahresendbestand}}{2}$ ☐

e) $\dfrac{\text{durchschnittlicher Wareneinsatz}}{\text{Lagerbestand}}$ ☐

Bedenken Sie:

Da hilft nichts, Formeln sollten Sie auf Anhieb präsent haben, für lange Ableitungen haben Sie im Prüfungsfall keine Zeit!

Frage 99

Die Jazor Elektro GmbH ist ganz stolz auf die Erhöhung der Umschlagsgeschwindigkeit ihres Handelswarenlagers. Welche Bedeutung hat dieses Ergebnis für das Unternehmen?

Erhöhung des Lagerumschlags

a) Der Kapitaleinsatz wird dadurch vergrößert. ☐
b) Die Lagerdauer verlängert sich dadurch. ☐
c) Die Lagerkosten erhöhen sich dadurch. ☐
d) Die Lagerkosten sinken dadurch. ☐
e) Das Risiko der Lagerung wird dadurch größer. ☐

Bedenken Sie:

Die Umschlagshäufigkeit kann mengen- oder wertmäßig errechnet werden. Die Zahl nennt man auch Umschlagskoeffizient. Sie kann für einzelne Warenarten, Warengruppen, einen ganzen Betrieb oder einen ganzen Geschäftszweig errechnet werden. Dies deutet schon an, daß die Folgen einer Änderung beträchtlich sein können!

Frage 100

Die Lagerkosten können großen Einfluß auf die Gewinnsituation eines Unternehmens haben. Wovon hängt die Höhe der Lagerkosten in einem Unternehmen normalerweise nicht ab?

Höhe der Lagerkosten

a) Kosten der Lagereinrichtung, z. B. Instandhaltung, Abschreibung, Heizung, Beleuchtung, Reinigung, Bewachung, Verzinsung ☐
b) Kosten der Lagerverwaltung, z. B. Löhne, Gehälter, Büromaterial ☐
c) Kosten des Lagerrisikos (kalkulatorische Wagnisse), z. B. durch Mengen- oder Wertverlust ☐
d) Kosten des Fuhrparks für die Auslieferung der Waren, z. B. Anschaffungskosten, Wiederverkaufswert ☐
e) Kosten des im Lager investierten Kapitals, z. B. die Lagerzinsen ☐

Bedenken Sie:

Eine ganz einfache Frage, wenn Sie zuerst einmal das Lehrbuch zum Kapitel „Wirtschaftlichkeit der Lagerhaltung" durchgearbeitet haben. Achten Sie auch hier in der Fragestellung auf das kleine Wörtchen „nicht", andernfalls kommen Sie zu falschen Ergebnissen!

Frage 101

Jeder Materialabgang aus dem Lager muß in der Lagerbuchhaltung verbucht werden. Wie heißt der Beleg, mit dem die Abgänge aus dem Lager verbucht werden?

Abgänge im Lager

a) Buchungsbeleg ☐
b) Lagerbedarfszettel ☐
c) Lieferschein ☐
d) Materialentnahmeschein ☐
e) Warenbestellschein ☐

Bedenken Sie:

Verschiedene Belegarten existieren tatsächlich, nur werden sie in einem anderen Umfeld benutzt. Überlegen Sie erst einmal, welche dieser Belege Sie in welchem Zusammenhang kennen, das erleichtert die Antwort.

Frage 102

Die Jazor Elektro GmbH hat mehrere räumlich voneinander getrennte Werke, sie möchte jetzt im Zuge einer Reorganisation ihren Zentraleinkauf in Köln in die einzelnen Werke dezentralisieren. Welches der folgenden Argumente spricht wohl aus Sicht der Jazor für diese Entscheidung?

Zentraler und dezentraler Einkauf

a) Die Spezialisten in den einzelnen Werken haben eine bessere Marktübersicht. ☐
b) Der dezentrale Einkauf ist in den einzelnen Werken leichter zu überwachen. ☐
c) Die Jazor Elektro GmbH erhält durch die Dezentralisierung wahrscheinlich höhere Mengenrabatte. ☐
d) Die Facheinkäufer in den einzelnen Werken haben größere Produktkenntnisse. ☐
e) Der Einkauf kann durch die Nähe zur bedarfsmeldenden Stelle flexibler reagieren. ☐

Bedenken Sie:

Gehen Sie in Ihrem Lehrbuch erst einmal die Vor- und Nachteile des zentralen und dezentralen Einkaufs durch, bevor Sie schnell eine vermeintlich richtige Lösung ankreuzen! Durchdenken Sie jede einzelne Behauptung, ob sie Vor- oder Nachteile des zentralen bzw. dezentralen Einkaufs beschreibt, bevor Sie antworten.

5. Produktionswirtschaft

Frage 103

Zu den Hauptaufgaben der Produktionswirtschaft gehört normalerweise nicht die ...

Aufgaben der Produktionswirtschaft

a) ... Fertigungskontrolle (Qualitätskontrolle). ☐
b) ... Fertigungssteuerung (Aufgabenausführung). ☐
c) ... Gestaltung der Arbeitszeit. ☐
d) ... Lagerverwaltung (Bestandsführung). ☐
e) ... Planung der für den Fertigungsprozeß erforderlichen Aufgaben. ☐

Bedenken Sie:

Mit der Produktionsplanung und Produktionsdurchführung hängen eine ganze Reihe von Aufgaben zusammen. Ebenso ergeben sich aus der fertigen Produktion bestimmte Aufgaben. Gehen Sie die Antwortvorschläge einzeln durch, und stellen Sie die Verbindung zu den einzelnen Tätigkeiten her.

Frage 104

Um die Produktion kontinuierlich auf gleichem Stand zu halten, ist es notwendig, an den Produktionsanlagen regelmäßig Ersatzinvestitionen vorzunehmen. Was hat dies für ein Unternehmen zur Folge?

Folgen von Ersatzinvestitionen

a) Erleichterung in der Finanzierung ☐
b) Erneuerung nicht mehr wirtschaftlich arbeitender Maschinen und Geräte ☐
c) Freistellung liquider Mittel ☐
d) Größere Ergiebigkeit in der Produktion ☐
e) Vernichtung wertvoller Materialien ☐

Bedenken Sie:

Jede Antwort ist richtig, aber nicht in bezug auf die genannte Fragestellung nach Ersatzinvestitionen. Überlegen Sie sich Ihre Antwort gut, bevor Sie in eine Falle tappen!

Frage 105

Ordnen Sie den untenstehenden Definitionen die folgenden Begriffe zu! **Fertigungsarten**
Was ist kennzeichnend für 1 = Einzelfertigung, 2 = Massenfertigung, 3
= Serienfertigung, 4 = Sortenfertigung?

a) Mehrere Produkte werden auf derselben Produktionsanlage ☐
   hintereinander in begrenzter Menge gefertigt.
b) Es wird dabei stets das gleiche Produkt in sehr hoher Zahl ☐
   hergestellt.
c) Von einem Produkt wird in der Regel nur eines oder nur ☐
   wenige Stücke hergestellt.
d) Zwischen den einzelnen Produkten, die in begrenzter Menge ☐
   hergestellt werden, bestehen fertigungstechnische Unterschiede.
e) Die genannten Begriffe haben mit der Produktionswirtschaft ☐
   nichts zu tun.

Bedenken Sie:

Entweder müssen Sie die Definitionen griffbereit haben, oder Sie müssen das Lehrbuch noch einmal intensiv befragen. Manche Antworten können Sie aber auch vom Wort ableiten.

Frage 106

Bei der Fertigung werden die Begriffe „Serie" oder „Los" verwendet. **Serie/Los**
Was bezeichnet man mit diesen Begriffen?

a) Der Anteil einer bestimmten Erzeugnisart am gesamten Verkaufsprogramm eines Unternehmens. ☐
b) Die gesamte Menge, die in einer bestimmten Erzeugnisart produziert wird. ☐
c) Die Menge von Zwischen- oder Fertigerzeugnissen, die zwischen zwei Maschinenumrüstungs-Vorgängen hintereinander auf einer Maschine hergestellt werden. ☐
d) Das Produktionsprogramm eines Unternehmens in einem Kalenderjahr. ☐
e) Die beiden Begriffe haben wirklich nichts mit der Produktionswirtschaft, sondern ausschließlich mit der Materialwirtschaft zu tun. ☐

Bedenken Sie:

Einige ähnlich klingende Begriffsbestimmungen sollten dazu führen, daß Sie noch einmal das entsprechende Kapitel im Lehrbuch durcharbeiten.

Frage 107

Die Fertigungsvorbereitung setzt sich aus zwei Teilen zusammen, die zeitlich aufeinanderfolgen. Ordnen Sie zu, was 1 = Fertigungslenkung und 2 = Fertigungsplanung beschreibt!

Fertigungslenkung und Fertigungsplanung

a) Die Bereitstellung der Produktionsfaktoren zur Erzeugung von Produkten. ☐
b) Die Ermittlung, welche Arten und Mengen von Produktionsfaktoren zur Erzeugung erforderlich sind. ☐
c) Die Erprobung eines neu entwickelten Produktes von der Versuchsabteilung. ☐
d) Die technische Entwicklung eines Produktes vom Konstruktionsbüro. ☐
e) Die genaue technische Untersuchung des gesamten Fertigungsablaufs. ☐

Bedenken Sie:

Wenn Sie von den Begriffen „Lenkung" und „Planung" ausgehen, hilft Ihnen das bei der Antwort.

Frage 108

Im Rahmen der Produktionsplanung – aber nicht nur dort – wird oft der Netzplan verwendet. Was aber ist ein Netzplan?

Netzplan

a) Ein Netzplan ist ein häufig angewendeter Begriff aus der Elektrotechnik. ☐
b) Ein Netzplan ist ein üblicher Begriff aus der Theorie der Produktionstechnik. ☐
c) Ein Netzplan ist die Darstellung des Reihenfolge- und Terminplans für die Ausführung eines bestimmten Projekts. ☐
d) Ein Netzplan ist ein Hilfsmittel zur Erfassung des Auftragseingangs. ☐
e) Ein Netzplan ist eine Skizze über die Anordnung der Maschinen und Geräte in einer Werkstatt. ☐

Bedenken Sie:

Wenn Sie nicht so ganz sicher sind, gehen Sie die einzelnen Antwortvorschläge genau durch, überlegen Sie jeweils die Verbindung zu einem „Netz"! Wenn Sie immer noch unsicher sind, sollten Sie so ein wichtiges Kapitel wie Netzplan unbedingt im Lehrbuch noch einmal durcharbeiten!

Frage 109

Ein Fertigungsplan ist kein Selbstzweck, sondern er muß genau auf einzelne Gegebenheiten des Unternehmens abgestimmt werden. Welche der unten genannten Behauptungen trifft zu?

Abstimmung des Fertigungsplans

a) Der Fertigungsplan muß genau auf den Maschinenbelegungsplan abgestimmt sein. ☐
b) Der Fertigungsplan muß auf die Ergebnisse der Marktforschung abgestimmt sein. ☐
c) Der Fertigungsplan muß auf Durchlaufzeiten und innerbetriebliche Transportzeiten abgestimmt sein. ☐
d) Der Fertigungsplan muß auf Produktentwicklungen der Konstruktionsabteilung abgestimmt sein. ☐
e) Der Fertigungsplan muß auf das Gesamtkonzept des Geschäftsführers abgestimmt sein. ☐

Bedenken Sie:

Denken Sie genau über die wichtige Funktion des Fertigungsplanes nach, bevor Sie antworten! Wenn Sie das Wortteil „Plan" ernst nehmen, fallen bereits einige Antwortvorschläge weg. Durch die Verbindung mit dem Wort „Fertigung" dürften weitere Antwortvorschläge wegfallen.

Frage 110

Welcher Bereich der Produktionswirtschaft befaßt sich mit der Beseitigung von Engpässen während der Fertigung?

Engpaß bei der Fertigung

a) Arbeitsvorbereitung ☐
b) Einkauf ☐
c) Fertigungssteuerung ☐
d) Lagerverwaltung ☐
e) Terminplanung ☐

Bedenken Sie:

Prüfen Sie, wie die Fertigung in Ihrem Ausbildungsbetrieb organisiert ist. Welche Abteilungen und welche Bereiche übernehmen welche Aufgaben? Wo wird ein Engpaß tatsächlich auffallen? Wer kann ihn dann auch beseitigen?

Frage 111

Fixe und variable Kosten wirken auf die Herstellungskosten des Erzeugnisses ein. Bei welchem der unten aufgeführten Fertigungsverfahren wird der Anteil der fixen Kosten an den Herstellungskosten wohl am niedrigsten sein?

Fixkostenanteil

a) Einzelfertigung ☐
b) Handarbeit ☐
c) Massenfertigung ☐
d) Serienfertigung ☐
e) Werkstattfertigung ☐

Bedenken Sie:

Stellen Sie den Unterschied zwischen Fixkosten und variablen Kosten fest. Überlegen Sie, welche Fixkosten bei den einzelnen Fertigungsverfahren anfallen können. Danach denken Sie über die Verteilung von fixen und variablen Kosten nach.

Frage 112

In der Produktion der Jazor Elektro GmbH wird ein Maschinenbelegungsplan geführt. Kennzeichnen Sie, welche Aufgabe ein solcher Plan in der Fertigung hat!

Maschinen-belegungsplan

a) Erstellung einer Bedienungsanleitung ☐
b) Festlegung eines sinnvollen Arbeitsablaufs in der Produktion ☐
c) Optimale Nutzung der Betriebskapazität ☐
d) Optimales Mittel zur Feststellung der Abschreibungssätze ☐
e) Überprüfung der Anwesenheitszeiten des an der Maschine Arbeitenden ☐

Bedenken Sie:

Gehen Sie erst einmal vom Begriff aus, dann entfallen schon mal einige Antworten! Bei manchen anderen Antworten müßte Ihnen sofort auffallen, daß sie unsinnig sind, sonst hilft wiederum nur der Blick in Ihr Lehrbuch.

Frage 113

Qualitätskontrolle und Qualitätssicherung bei der Fertigung sind wesentliche Aufgaben der gesamten Produktionswirtschaft. Welche der untenstehenden Begriffserklärungen umschreibt 1 = Qualitätskontrolle und 2 = Qualitätssicherung?

Qualitätskontrolle und Qualitätssicherung

a) Das Ergreifen aller Maßnahmen, um die Ursachen von Qualitätsabweichungen festzustellen und für die Zukunft auszuschließen. ☐

b) Die Kennzeichnung von Qualitätsmerkmalen hinsichtlich ihrer erreichten Ausprägung. ☐

c) Die Planung der Beschaffenheit eines Erzeugnisses, die es für seinen Verwendungszweck geeignet macht. ☐

d) Die Überprüfung, ob die Qualitätsanforderungen an das Produkt erfüllt sind. ☐

e) Die Feststellung, ob die Fertigungsmaschinen die richtige Lebensdauer haben. ☐

Bedenken Sie:

Kontrolle soll einen Vergleich zwischen Soll und Ist ermöglichen. Sicherung heißt, einmal Erreichtes abzusichern. Gehen Sie Antwort für Antwort durch, prüfen Sie jeweils, was sie beinhaltet. Stellen Sie dann fest, ob die Formulierung zur Qualitätskontrolle oder zur Qualitätssicherung gehört.

Frage 114

In der Produktion werden immer wieder die Begriffe „Normung" und „Typung" verwendet. Was versteht man in diesem Zusammenhang unter „Normung"?

Normung

a) Arbeitsteilung durch Selektion ☐

b) Beschränkung der Produktion auf bestimmte Erzeugnisse ☐

c) Produktion auf Spezialmaschinen ☐

d) Rationelle Gestaltung des Produktionsablaufs ☐

e) Vereinheitlichung von häufig benötigten Einzelteilen ☐

Bedenken Sie:

Die Begriffe „Normung" und „Typung" müssen Sie unbedingt kennen, sonst hilft nur Auswendiglernen! Überlegen Sie auch einmal, wer für „Normung" und „Typung" zuständig sein könnte.

Frage 115

Bei der Fertigung der Jazor Elektro GmbH unterscheidet man verschiedene Kontrollarten, die in anderen Unternehmen auch unterschiedlich bezeichnet werden können. Welcher andere Begriff kennzeichnet z. B. die 1 = Durchlaufkontrolle, 2 = Eingangskontrolle, 3 = Endkontrolle, 4 = ortsveränderliche Kontrolle?

Kontrollarten

a) Ausgangskontrolle ☐
b) Fliegende Kontrolle ☐
c) Materialprüfung ☐
d) Ortsfeste Kontrolle ☐
e) Zwischenkontrolle ☐

Bedenken Sie:

Ein Antwortvorschlag ist überzählig, Sie werden ihn leicht feststellen. Bei den anderen Begriffen sollten Sie ebenfalls keine Probleme haben.

Frage 116

In der Produktion werden immer wieder die Begriffe „Typung" und „Normung" verwendet. Was versteht man in diesem Zusammenhang unter „Typung"?

Typung

a) Aufgliederung einer Warengattung z. B. nach Art, Farbe und Größe ☐
b) Festsetzung bestimmter einheitlicher Modelle und Muster für Fabrikate, um eine größere Produktivität zu erreichen ☐
c) Maßnahmen zur besseren Verwirklichung des betrieblichen Wirtschaftlichkeitsprinzips und damit zur Steigerung des Unternehmenserfolges ☐
d) Rationelle Gestaltung des Produktionsablaufs durch Einsatz unterschiedlicher Maschinen ☐
e) Verbesserung der Fertigung durch erheblich verschärfte Qualitätskontrollen ☐

Bedenken Sie:

Die Begriffe „Normung" und „Typung" müssen Sie unbedingt kennen, sonst hilft nur Auswendiglernen! Überlegen Sie auch einmal, wer für „Normung" und „Typung" zuständig sein könnte.

Frage 117

Die REFA ist eine Organisation, die sich der Verbesserung der Arbeitsbedingungen verschrieben hat. Unter anderem werden nach den Richtlinien der REFA Arbeitsablaufstudien durchgeführt. Welchem Zweck dienen diese Studien?

Arbeitsablaufstudien

a) Bestimmung der Grundzeiten (Verrichtzeiten) ☐
b) Bewertung der Arbeitsanforderungen ☐
c) Feststellung der einzelnen Arbeitsanforderungen ☐
d) Zeitmessung der einzelnen Arbeitsschritte ☐
e) Feststellung der Qualität eines Produktes ☐

Bedenken Sie:

Bei der Beantwortung ist immer zuerst Unsinniges von Sinnvollem zu trennen, damit sind Sie der richtigen Antwort schon nähergekommen.

Frage 118

Die REFA entwickelt und veröffentlicht in Zusammenarbeit mit den Fachverbänden Richtlinien zur Durchführung von Arbeitsstudien. Was können für die Jazor Elektro GmbH Gründe sein, in ihrem Unternehmen eine Arbeitsstudie durchzuführen? Welche der folgenden Aussagen sind in diesem Zusammenhang nicht richtig?

Arbeitsstudien

a) Ein Grund zur Durchführung von Arbeitsstudien sollte die Auftrags- und Terminplanung sein. ☐
b) Ein Grund zur Durchführung von Arbeitsstudien sollte die Feststellung von leistungsbezogener Entlohnung sein. ☐
c) Ein Grund zur Durchführung von Arbeitsstudien sollte die marktgerechte Kundenversorgung sein. ☐
d) Ein Grund zur Durchführung von Arbeitsstudien sollte die wirtschaftliche Betriebsgestaltung sein. ☐
e) Ein Grund zur Durchführung von Arbeitsstudien sollte die Beschwerde eines Kunden sein. ☐

Bedenken Sie:

Denken Sie über jeden Antwortvorschlag nach, und bringen Sie ihn mit der Frage zusammen. Mindestens zwei Antwortvorschläge sollten Ihnen sofort unsinnig vorkommen!

6. Finanzierung / Kredit

Frage 119

Der Auszubildende Toni Düren wird von seinem Ausbilder über die grundlegenden Tatbestände des Kreditwesens befragt. Welche seiner Aussagen ist falsch?

Kreditwesen allgemein

a) Zum Inhalt eines Kreditvertrages gehört nicht die Angabe über die Rückzahlungsmodalitäten des Kredites. ☐
b) Bei Inanspruchnahme eines Kontokorrentkredites kann das Kreditinstitut vom Kreditnehmer Kreditzinsen, Kredit-, Umsatz- und Überziehungsprovision verlangen. ☐
c) Ein Forfaiteur kauft im allgemeinen nur langfristige Exportforderungen in Form von Auslandswechseln. Diese Käufe kann der Forfaiteur nicht mehr stornieren. ☐
d) Bei einem Lombardkredit liegt ein Pfandrecht an einer beweglichen Sache vor. ☐
e) Ein kurzfristiger Kredit besitzt üblicherweise eine Laufzeit bis zu 6 Monaten. ☐

Bedenken Sie:

Diese Aufgabe sollte Sie dazu bewegen, die Kapitel „Finanzierung" und „Kredite" im Lehrbuch durchzuarbeiten. Mit der Frage werden unterschiedliche Themen berührt, die alle nachgelesen werden sollten.

Frage 120

Es wird üblicherweise zwischen Eigen- und Fremdfinanzierung unterschieden. Kennzeichnen Sie die Vorteile einer Fremdfinanzierung!

Fremdfinanzierung

a) Ein Vorteil der Fremdfinanzierung liegt darin, daß die Zinsen als Betriebsausgaben abgezogen werden können, der steuerpflichtige Gewinn vermindert sich damit. ☐
b) Ein Vorteil der Fremdfinanzierung liegt darin, daß kein fester Zins- und Tilgungsplan vorliegt. ☐
c) Ein Vorteil der Fremdfinanzierung liegt darin, daß das Kapital unbefristet zur Verfügung steht. ☐
d) Ein Vorteil der Fremdfinanzierung liegt darin, daß nur die Gesellschafter Kapital einlegen können, damit wird ein Fremdeinfluß auf das Unternehmen vermieden. ☐
e) Ein Vorteil der Fremdfinanzierung liegt darin, daß nur Auslandskapital in das Unternehmen fließt, das wird der Öffentlichkeit nicht bekannt. ☐

Bedenken Sie:

Manche Antwortvorschläge klingen auf Anhieb richtig. Überlegen Sie aber gut, ob sie wirklich richtig sind.

Frage 121

Moderne Produktionsverfahren und neue Vertriebsformen lassen den Kapitalbedarf vieler Unternehmen größer werden, hier helfen Kapitalbeteiligungsgesellschaften. Welche Vorteile sehen Sie darin?

Kapitalbeteiligungsgesellschaften

a) Erhöhung des Eigenkapitals ☐
b) Stärkerer Einfluß der Banken ☐
c) Ausschalten weniger kapitalkräftiger Mitgesellschafter ☐
d) Weitgehende Sicherung der unternehmerischen Entscheidungsfreiheit ☐
e) Keine Sicherheitshinterlegung für die Gesellschaftereinlage ☐

Bedenken Sie:

Kapitalbeteiligungsgesellschaften arbeiten meistens mit staatlicher Hilfe und sollen „die Schaffung oder Sicherung nachhaltig wettbewerbsfähiger selbständiger Existenzen durch Erweiterung der Eigenkapitalgrundlage ermöglichen". Welche Konsequenzen ergeben sich deshalb wahrscheinlich daraus?

Frage 122

Man unterscheidet bei der Finanzierung u. a. zwischen der Innen- und der Außenfinanzierung. Kennzeichnen Sie hier die falsche Aussage!

Innen- und Außenfinanzierung

a) Bei der Innenfinanzierung wird zwischen Selbstfinanzierung und Einlagenfinanzierung (Eigenfinanzierung) unterschieden. ☐
b) Die Formel zur Eigenkapital-Rentabilität lautet: Gewinn x 100 / Kapital. ☐
c) Die Außenfinanzierung wird allgemein in die Kreditfinanzierung (Fremdfinanzierung) und in die Einlagenfinanzierung (Eigenfinanzierung) unterteilt. ☐
d) Die Kapitalgesellschaften erhalten ihr Eigenkapital durch die Ausgabe von Aktien bzw. durch die Stammeinlagen der Gesellschafter. ☐
e) Die Kapitalbeschaffung ist auf der Passivseite der Bilanz zu erkennen. ☐

Bedenken Sie:

Die Innenfinanzierung stellt den Rückfluß aus investierten Mitteln oder aus Umsatzgewinnen dar. Die Außenfinanzierung ist eine Finanzierung aus Kapitalanlagen oder Kredit.

Frage 123

Das Pfandrecht spielt bei den kaufmännischen Hilfsgewerben im Rahmen der Sicherung oft eine große Rolle. Welches der folgenden Wesensmerkmale zum Pfandrecht ist richtig?

a) Beim Pfandrecht besteht kein Verwertungs-, aber ein Nutzungsrecht. ☐
b) Der Pfandgläubiger muß auf jeden Fall der Eigentümer der Sache werden. ☐
c) Das Pfandrecht ist ein dingliches Recht und nur gegenüber Vollkaufleuten wirksam. ☐
d) Für das Pfandrecht besteht ein Verwertungs-, aber kein Nutzungsrecht. ☐
e) Das Pfandrecht gilt nur für die Verwertung von Recycling-Glasflaschen. ☐

Merkmale des Pfandes

Bedenken Sie:

Denken Sie daran: Das Pfandrecht beinhaltet ein Zurückbehaltungsrecht an einem Gut zur Sicherung von Forderungen.

Frage 124

Die Bürgschaft spielt im Wirtschaftsleben gerade im Umgang mit Banken, aber nicht nur dort, eine große Rolle. Kennzeichnen Sie hier die richtige Aussage!

a) Der Bürgschaftskredit ist ein Realkredit, der zusätzlich durch eine Bürgschaft gesichert ist. ☐
b) Durch den Bürgschaftskredit werden zwei Rechtsgeschäfte abgeschlossen. Es handelt sich hierbei um den Kredit- und den Bürgschaftsvertrag. ☐
c) Bei der Ausfallbürgschaft gilt das „Recht auf Einrede der Vorausklage". ☐
d) Den Vollkaufleuten steht üblicherweise nicht die mündliche Verbürgung, sondern gesetzlich nur die schriftliche Verbürgung zu. ☐
e) Eine Bürgschaft dient ausschließlich dazu, den Banken einen wirtschaftlichen Vorteil gegenüber anderen Gläubigern zu verschaffen. ☐

Bürgschaft

Bedenken Sie:

Welche Funktion hat im Wirtschaftsleben eine Bürgschaft? Wer bürgt? Für wen wird verbürgt? Wer wird durch eine Bürgschaft abgesichert? Wem wird die Bürgschaft sonst noch einen Nutzen bringen? Wenn Sie darauf die Antworten wissen, können Sie die Aufgabe gut lösen!

Frage 125

Factoring gehört zu den besonderen Finanzierungsformen. Wie heißen die Beteiligten an Factoring?

Factoring

a) Factor-Kunde ☐
b) Kreditnehmer ☐
c) Factor ☐
d) Kunde ☐
e) Debitor ☐

Bedenken Sie:

Als Factoring bezeichnet man den Kauf/Verkauf von Kundenforderungen. Ein Beteiligter verkauft dabei seine Forderungen an einen, der diese Forderung aufkauft und von einem anderen die Forderung termingerecht verlangt. Ein wenig Buchführungskenntnisse können bei der Beantwortung nicht schaden.

Frage 126

Auch das Leasing gehört zu den besonderen Finanzierungsformen mit einer großen Bedeutung in der Wirtschaft. Welche der folgenden Aussagen beschreiben die Vorteile des Leasing?

Leasing

a) Der Unternehmer kann Anlagegüter ohne Eigenkapitaleinsatz erhalten, seine Zahlungsfähigkeit wird dadurch positiv beeinflußt. ☐
b) Beim Abschluß eines Leasingvertrages wird keine Kreditüberprüfung vorgenommen. ☐
c) Leasingverträge führen dazu, daß die Banken bei der Finanzierung nicht mehr beteiligt werden. ☐
d) Das Unternehmen befindet sich im Hinblick auf den technischen Standard immer auf dem aktuellen Stand. ☐
e) Der Kreditspielraum des Unternehmens wird nicht eingeschränkt, da für den Erwerb des Leasingobjektes keine Fremdmittel aufgenommen werden. ☐

Bedenken Sie:

Unter Leasing versteht man die langfristige Vermietung oder Verpachtung von Maschinen und Gebäuden durch eine Leasinggesellschaft, die als Finanzierungsgesellschaft auftritt. Die Laufzeit bewegt sich je nach Art des Leasingobjektes zwischen drei Jahren und 30 Jahren.

Frage 127

Ordnen Sie die folgenden Kreditarten den untenstehenden Aussagen richtig zu: 1 = Sicherungsübereignungskredit, 2 = Ausfallbürgschaft, 3 = Stille Zession, 4 = Selbstschuldnerische Bürgschaft, 5 = Offene Zession, 6 = Lombardkredit (Faustpfandkredit).

Kreditarten

a) Dem Bürgen steht bei dieser Kreditart das „Recht auf Einrede der Vorausklage" zu. ☐
b) Bei dieser Kreditart bleibt der Kreditgeber weiterhin Eigentümer, und der Kreditnehmer wird Besitzer des Wirtschaftsgutes. ☐
c) Der nicht beliehene Teil einer beweglichen Sache wird als „Marge" bezeichnet. ☐
d) Die Drittschuldner werden von der Abtretung einer Forderung nicht informiert, die Zahlungen sind an den bisherigen Gläubiger zu zahlen. ☐
e) Bei dieser Kreditart bleibt der Kreditnehmer weiterhin Eigentümer, und der Kreditgeber wird Besitzer des Wirtschaftsgutes. ☐

Bedenken Sie:

Hier hilft nur, das Thema gut zu beherrschen oder intensiv das Lehrbuch im Kapitel „Kreditarten" durchzuarbeiten.

Frage 128

Die betriebliche Finanzierung dient meist dazu, Investitionen zu ermöglichen. Welche der folgenden Aussagen betreffen allgemeine Grundsätze bei Investitionen?

Investitionen

a) Betriebliche Investitionen müssen sinnvoll und nicht z. B. aus Prestige erfolgen. ☐
b) Betriebliche Investitionen müssen im betrieblichen Zusammenhang gesehen werden. ☐
c) Betriebliche Investitionen müssen immer von den Banken genehmigt werden. ☐
d) Betriebliche Investitionen können nicht geplant werden, deshalb ist auch eine Finanzierung unsinnig. ☐
e) Betriebliche Investitionen müssen wirtschaftlich vertretbar sein. ☐

Bedenken Sie:

Investitionsplanungen werden nicht nur bei Ersatzinvestitionen, sondern auch bei Erweiterungsinvestitionen vorgenommen. Es ist daher notwendig, genau zu überlegen, welche Vorteile z. B. eine neu anzuschaffende Maschine im Vergleich zur vorhandenen hat.

Frage 129

Große Investitionen werden oft durch eine Hypothek oder eine Grundschuld abgesichert. Welche der Aussagen ist in diesem Zusammenhang falsch?

Grundschuld

a) Ohne Eintragung im Grundbuch entsteht und erlischt kein Recht an einem Grundstück. ☐
b) Eine Buchgrundschuld entsteht durch Einigung und Eintragung im Grundbuch. ☐
c) Bei der Grundschuld wird neben der dinglichen Sicherheit auch eine persönliche Haftung verlangt. ☐
d) Eine Eigentümergrundschuld liegt vor, wenn der Hypothekengläubiger das belastete Grundstück erwirbt. ☐
e) Das Grundbuch wird bei der zuständigen Industrie- und Handelskammer, Abteilung Grundbuchamt, geführt. ☐

Bedenken Sie:

Arbeiten Sie im Lehrbuch die folgenden Fragen auf, bevor Sie antworten: Wie entsteht eine Grundschuld? Wo wird sie eingetragen? Wie wird sie rechtlich abgewickelt? Welche Folgen entstehen aus einer Grundschuld, die in Anspruch genommen wird?

Frage 130

Unternehmen benötigen Kapital, um ihre Aufgaben erfüllen zu können. Welche der folgenden Aussagen sind in diesem Zusammenhang falsch? In der Regel wird die Höhe des Kapitalbedarfs eines Unternehmens ...

Kapitalbedarf

a) ... von der Art und der technischen Ausrüstung des Unternehmens abhängen. ☐
b) ... von der Größe des Unternehmens, z. B. Warenhaus oder Fachgeschäft, abhängen. ☐
c) ... von der Schnelligkeit des Lagerumschlages, z. B. je größer die Umschlagsgeschwindigkeit, desto geringer der Kapitalbedarf, abhängen. ☐
d) ... durch tägliche Schätzungen jederzeit genau zu ermitteln sein. ☐
e) ... von der Dauer des Produktionsprozesses sowie von den Zahlungsgepflogenheiten in der entsprechenden Branche abhängen. ☐

Bedenken Sie:

Kapital im betriebswirtschaftlichen Sinne ist der Gesamtwert aller Vermögensteile, die in einem Unternehmen zum Zweck des Erwerbs angelegt sind. Das sollte bei der Beantwortung helfen.

7. Absatzwirtschaft

Frage 131

Die Jazor Elektro GmbH bietet neuerdings auf dem Markt Markenartikel an. Kennzeichnen Sie, was in der Regel einen Markenartikel ausmacht!

Markenartikel

a) Ein Markenartikel hat keine Verpackung, die Ware wird lose verkauft. ☐
b) Bei einem Markenartikel ändert sich grundsätzlich der Preis fast täglich. ☐
c) Markenartikel haben eine Verpackung mit einer werbenden Kennzeichnung des herstellenden Unternehmens. ☐
d) Die Qualität schwankt bei einem Markenartikel, da das Erzeugnis einzeln hergestellt wird. ☐
e) Der Preis eines Markenartikels wird im allgemeinen zwischen Käufer und Verkäufer ausgehandelt. ☐

Bedenken Sie:

Denken Sie über jede einzelne Aussage nach! Überlegen Sie, welche Markenartikel Sie kennen! Woran erkennen Sie, ob es z. B. ein Markenartikel, ein „No Name"-Produkt oder ein Einzelstück ist?

Frage 132

Ordnen Sie die Begriffe 1 = Public Relations, 2 = Marktforschung, 3 = Marketing, 4 = Marketing Mix und 5 = Markterkundung den untenstehenden Definitionen durch Eintragen der entsprechenden Ziffern zu!

Marketing

a) ... ist die Summe aller Maßnahmen, die ein Unternehmen ergreift, um sich einen Markt zu schaffen, den Markt auszuweiten und zu erhalten. ☐
b) ... ist die Untersuchung des Marktes mit Hilfe wissenschaftlich-systematischer Verfahren. ☐
c) ... sind die Maßnahmen, die ein Unternehmen ergreift, um öffentliches Vertrauen und Ansehen zu gewinnen und zu pflegen. ☐
d) ... ist die Untersuchung des Marktes, wobei mehr oder weniger planlos und zufällig vorgegangen wird. ☐
e) ... ist die (möglichst optimale) Kombination, in der die absatzpolitischen Instrumente eingesetzt werden. ☐

Bedenken Sie:

Gehen Sie das Kapitel „Marketing" in Ihrem Lehrbuch noch einmal durch. Bei dieser Zuordnungsaufgabe sollte Ihnen nämlich kein Fehler passieren.

Frage 133

Ordnen Sie die folgenden Begriffe den nachstehenden Definitionen zu:
1 = Marktforschung, 2 = Marktbeobachtung, 3 = Marktanalyse, 4 = Marktprognose, 5 = Marktuntersuchung, 6 = kein Begriff trifft zu.

Marktforschung

a) ... ist die Gesamtheit aller Maßnahmen, um mit Hilfe wissenschaftlich-systematischer Verfahren Daten über den Markt zu gewinnen. ☐

b) ... ist die Untersuchung des Marktes zu einem bestimmten Zeitpunkt. ☐

c) ... ist der Versuch, aufbauend auf der Marktentwicklung der Vergangenheit, die zukünftige Marktentwicklung vorherzusehen. ☐

d) ... ist das regelmäßige Verfolgen des Marktgeschehens über einen längeren Zeitraum hinweg. ☐

e) ... ist das regelmäßige Durcharbeiten aller Lieferanteninformationen. ☐

Bedenken Sie:

Falls Sie bereits bei der ersten Aufgabe das Lehrbuch durchgearbeitet haben, dürften Sie jetzt keine Schwierigkeiten haben.

Frage 134

Die Marktforschung bedient sich u. a. 1 = der Umfrage, 2 = der Panelerhebung, 3 = des Testmarktes und 4 = des Assoziationstests. Ordnen Sie die Begriffe den nachfolgend beschriebenen Methoden zu! Tragen Sie eine 5 ein, wenn keine Methode richtig ist!

Methoden der Marktforschung

a) Ein bestimmter gleichbleibender Personenkreis wird über einen längeren Zeitraum hinweg immer wieder über die gleiche Sache befragt. ☐

b) Es wird versucht, die Empfindungen und Verhaltensweisen aufzudecken, die von den Testpersonen mit bestimmten Begriffen, Sachverhalten, Darstellungen in Verbindung gebracht werden. ☐

c) Man bietet (z. B. bei Neueinführung) ein Produkt über einen bestimmten Zeitraum versuchsweise nur regional an. ☐

d) Es werden die gewünschten Informationen in Frageform formuliert, zu Fragebögen zusammengefaßt und den Befragten vorgelegt. ☐

e) Man versucht, auf der Marktentwicklung der Vergangenheit aufzubauen, um die künftige Entwicklung vorherzusehen. ☐

Bedenken Sie:

Zum wiederholten Male Begriffe, die sitzen müssen. Basiswissen aus dem Bereich Marktforschung sollte ebenfalls bekannt sein.

Frage 135

Industrieunternehmen können den Absatz ihrer Erzeugnisse durch den Einsatz des absatzpolitischen Instrumentariums beeinflussen, das die Instrumente (1) Werbung, (2) Preispolitik, (3) Produktgestaltung und (4) Absatzorganisation umfaßt. Ordnen Sie folgende Fälle zu:

Absatzpolitische Instrumente

a) Ein Strumpfhersteller beschließt, seine Erzeugnisse über den Lebensmittel-Einzelhandel zu vertreiben. ☐
b) Ein Autohersteller gewährt Sonderrabatte für ein auslaufendes Modell. ☐
c) Ein Strumpfhersteller bietet seine Erzeugnisse in einer neuartigen, würfelförmigen Verpackung an. ☐
d) Ein Maschinenhersteller veröffentlicht eine Anzeigenserie in einer Fachzeitschrift. ☐
e) Ein Unternehmen stellt zusätzlich zu den bisher eingesetzten Handelsvertretern Handlungsreisende ein. ☐

Bedenken Sie:

Denken Sie über den Wortinhalt der einzelnen Instrumente nach, versuchen Sie den Inhalt auf die einzelnen Fälle umzusetzen.

Frage 136

Entscheiden Sie, wie sich die Preise der untenstehenden Produkte aufgrund des angegebenen Sachverhaltes in der Marktwirtschaft entwickeln werden: 1 = die Preise werden voraussichtlich steigen, 2 = die Preise werden voraussichtlich fallen, 3 = die Preise werden voraussichtlich gleich bleiben.

Preisentwicklung

a) Die Nachfrage nach dem Sprechfunkgerät Klack 2001 ist erheblich gestiegen, die Importe werden entsprechend erhöht. ☐
b) Die Welt-Tee-Ernte liegt mengenmäßig 16 Prozent über dem Vorjahr. ☐
c) Die Erdöl-Förderländer verknappen bewußt das Angebot um 23 Prozent. ☐
d) In diesem Jahr steigt nach den Osterfeiertagen das Angebot an Eiern. ☐
e) Die Bilder der Malerin Diana Wernitzki-Wunderlich (1754 – 1799) werden neuerdings von Sammlern gesucht. ☐

Bedenken Sie:

Welche Auswirkungen wird eine Verknappung oder eine Ausweitung des Angebotes bewirken? Was wird geschehen, wenn sich Sammler in das Marktgeschehen einschalten?

Frage 137

Bei der Sortimentsgestaltung sind produktionstechnische und absatzwirtschaftliche Belange zu berücksichtigen, dabei ergeben sich häufig Zielkonflikte. Entscheiden Sie, ob in den folgenden Fällen 1 = produktionstechnische Vorteile, aber absatzwirtschaftliche Nachteile, 2 = absatzwirtschaftliche Vorteile, aber produktionstechnische Nachteile, 3 = eine weitgehende Verbindung produktionstechnischer Vorteile mit absatzwirtschaftlichen Vorteilen, 4 = nur produktionstechnische Vorteile und absatzwirtschaftliche Nachteile vorhanden sind.

Gestaltung des Sortiments

a) Ein Unternehmen entscheidet sich für ein sehr enges und flaches Sortiment. ☐
b) Ein Möbelhersteller bietet Wohnzimmermöbel, Küchenmöbel und Polstergarnituren an. ☐
c) Eine Autofabrik baut Autos mit Front- und mit Heckantrieb sowie Autos mit Front- und mit Heckmotor an. ☐
d) Eine Autofabrik stellt in zwei Baureihen im Grundaufbau gleiche Autos her, dabei kann sich der Kunde nach dem Baukastenprinzip ein Auto zusammenstellen. ☐
e) Eine Maschinenfabrik fertigt ihre Produkte bis zu einer bestimmten Produktionsstufe ohne Kundenauftrag stark vereinheitlicht; Endmontage und Lackierung werden nach den individuellen Wünschen des Kunden vorgenommen. ☐

Bedenken Sie:

Hier müssen Sie Ihr Wissen umsetzen. Überlegen Sie genau, was in den einzelnen Aussagen enthalten ist. Denken Sie auch über die unterschiedlichen Ansätze von Produktion und Marketing nach. Lassen Sie sich bei der Beantwortung ruhig Zeit.

Frage 138

Mit einem Dortmunder Lieferanten vereinbart die Stuttgarter Jazor-Filiale u. a. „Frachtbasis Ulm". Wer muß die Frachtkosten tragen?

Frachtbasis

a) Der Dortmunder Verkäufer ab Ulm ☐
b) Der Dortmunder Verkäufer bis Ulm ☐
c) Im Streitfall muß das Gericht in Ulm angerufen werden ☐
d) Die Jazor von Ulm nach Stuttgart ☐
e) Die Jazor von Dortmund nach Ulm ☐

Bedenken Sie:

Aus welchem Grunde wird überhaupt eine Frachtbasis gewählt?

Frage 139

Bei der Werbung kann man sich verschiedener Werbemittel bedienen, z. B. 1 = Werbebrief, 2 = Werbefilm im Fernsehen, 3 = Anzeige in lokalen Tageszeitungen, 4 = Anzeige in Fachzeitschriften, 5 = Werbung mit Leuchtreklame, 6 = Werbegespräch. Ordnen Sie den nachstehend genannten Beispielen jeweils das Werbemittel zu, das Ihnen in diesem Fall am besten geeignet erscheint.

Werbemittel

a) Ein Hersteller von landwirtschaftlichen Geräten möchte durch eine Werbekampagne seinen Absatz erhöhen. ☐
b) Ein Lebensmittelhändler möchte seine Kunden über Sonderangebote informieren. ☐
c) Ein Konsumgüterhersteller (Markenartikel) möchte mit seiner Werbung möglichst viele Haushalte erreichen. ☐
d) Ein Unternehmen der Investitionsgüterindustrie will eine technisch komplizierte Neuentwicklung den entsprechenden Fachleuten seiner Kunden vorstellen. ☐
e) Ein Anbieter von Luxusautos möchte gezielt alle Haushalte ansprechen, deren Jahreseinkommen (vermutlich) über 1 Million DM liegt. ☐

Bedenken Sie:

Welche Wirkung haben die einzelnen Werbemittel auf Sie? Was, glauben Sie, wird in den einzelnen Situationen bei Ihnen am besten verfangen?

Frage 140

Welche Begriffe aus dem Bereich der Werbung sind richtig beschrieben?

Begriffe der Werbung

a) Unter „Streukreis" versteht man die geographischen Schwerpunkte der Werbung. ☐
b) Der „Werbemittelplan" enthält die Kosten für die Werbung in einem bestimmten Zeitabschnitt. ☐
c) Der Einsatz von Werbeberatern und Werbeagenturen wird im „Werbeterminplan" festgelegt. ☐
d) Die „Werbemittel" reichen von der Aufmachung der Ware über Kataloge und Plakate, dem Fernsehspot, Werbegeschenken bis hin zum Schaufenster. ☐
e) Das „Streugebiet" erfaßt den Kreis der Personen, die die Werbung ansprechen soll. ☐

Bedenken Sie:

Lassen Sie sich nicht verwirren, und denken Sie gut nach!

Frage 141

Der Listenverkaufspreis einer Maschine beträgt 300,00 DM. Beim **Verkaufskalkulation**
Versand entstehen noch folgende Kosten: Verpackungskosten 25,00
DM; Fracht 16,50 DM; kein Rollgeld; keine MwSt. Wieviel DM muß
der Käufer insgesamt zahlen, wenn beim Abschluß des Kaufvertrages
über die Transport- und Verpackungskosten keine Vereinbarungen
getroffen wurden?

a) 300,00 DM ☐
b) 325,00 DM ☐
c) 316,50 DM ☐
d) 341,50 DM ☐
e) nachträglich verhandeln ☐

Bedenken Sie:

Kennen Sie noch den folgenden Merksatz? Warenschulden sind ...schulden und Geldschulden sind ...schulden?

Frage 142

Bei der Kalkulation wird meist zwischen Einkaufs- und Verkaufskal- **Kalkulationsschema**
kulation unterschieden. Schaffen Sie durch Eintragen der Ziffern 1 bis 5
die richtige Reihenfolge der Positionen aus dem Verkaufskalkulations-
Schema des Handels!

a) Gemeinkosten/Handlungskosten ☐
b) Skonto (für Kunden) ☐
c) Bezugspreis ☐
d) Rabatt (für Kunden) ☐
e) Gewinn ☐

Bedenken Sie:

Das Kalkulationsschema ist bei schriftlichen und mündlichen Prüfungen eine sehr beliebte Aufgabe. Am besten ist es, wenn Sie den Vorgang des Kalkulierens beherrschen, notfalls hilft aber auch hier das Auswendiglernen.

Frage 143

Die Laberkopf AG bietet einen Artikel zum Zielverkaufspreis von 150,00 DM an. Die Jazor Elektro GmbH möchte den gleichen Artikel für 145,00 DM anbieten; sie kalkuliert mit 20 % Gemeinkosten, 6 % Gewinn und 3 % Skonto. Zu welchem Einstandspreis (ohne MwSt.) darf die Jazor höchstens einkaufen?

Rückwärts-Kalkulation

a) 110,57 DM ☐
b) 145,00 DM ☐
c) 150,00 DM ☐
d) 118,69 DM ☐
e) 199,80 DM ☐

Bedenken Sie:

Das Kalkulationsschema mit allen seinen Problemen muß beherrscht werden, wenn man solch eine Aufgabe richtig lösen will!

Frage 144

Bei der Organisation ihres Vertriebs kann die Jazor Elektro GmbH das Prinzip der Zentralisation oder das Prinzip der Dezentralisation verfolgen. Kennzeichnen Sie folgende Aussagen mit (1), wenn ein Vorteil eines zentralen Vertriebs, mit (2), wenn ein Nachteil eines zentralen Vertriebs, mit (3), wenn ein Vorteil eines dezentralen Vertriebs, oder mit (4), wenn ein Nachteil eines dezentralen Vertriebs beschrieben ist.

Zentraler oder dezentraler Vertrieb

a) Der Vertrieb läßt sich mit relativ wenig Personal durchführen und verursacht daher vergleichsweise geringe Kosten. ☐
b) Es besteht die Gefahr, daß der Kontakt zu den Kunden verlorengeht. ☐
c) Die Gefahr, daß die Vertriebsorganisation ein allzu starkes Eigenleben entwickelt und Beschlüsse der Geschäftsleitung nicht unmittelbar umgesetzt werden, ist relativ gering. ☐
d) Persönliche Beziehungen zu Kunden können besser genutzt werden. ☐
e) Die Zusammenarbeit der Verkaufsorgane mit anderen Betriebsabteilungen wird erschwert. ☐

Bedenken Sie:

Für den Vertrieb gilt ebenso, was für andere Bereiche gilt: Zentralisation und Dezentralisation haben meist Vor- und Nachteile. Hier müssen Sie jeweils im Einzelfall abwägen, was gefragt ist.

Frage 145

Eine Rechnung lautet über einen Gesamtbetrag einschließlich Mehrwertsteuer von 104,50 DM. Ein Kunde möchte aber die Mehrwertsteuer herausgerechnet haben. Nach welchem Bruch wird die Umsatzsteuer von 15 Prozent herausgerechnet?

Mehrwertsteuer berechnen

a) $\dfrac{104{,}50 \times 15}{100}$ ☐

b) $\dfrac{104{,}50 \times 115}{15}$ ☐

c) $\dfrac{104{,}50 \times 15}{115}$ ☐

d) $\dfrac{115 \times 100}{104{,}50}$ ☐

e) $\dfrac{104{,}50 \times 15}{86}$ ☐

Bedenken Sie:

Auch beim Marketing müssen Sie Ihr Wissen aus dem kaufmännischen Rechnen anwenden. Dieses Herausrechnen der Mehrwertsteuer ist recht beliebt, weil oft der falsche Ansatz verwendet wird. Sorgen Sie dafür, daß Sie diesen Rechenvorgang beherrschen.

Frage 146

Beim Absatz seiner Erzeugnisse kann sich ein Unternehmen verschiedener Vertriebssysteme bedienen. Tragen Sie die folgenden Kennziffern ein: 1 = es handelt sich um ein werkseigenes Vertriebssystem, 2 = es handelt sich um einen werksgebundenen Vertrieb; 3 = es handelt sich um einen ausgegliederten Vertrieb!

Werkseigener oder werksgebundener Vertrieb

a) Eine Kaffeerösterei verkauft ihre Produkte über ein Netz von Verkaufsfilialen. ☐

b) Eine Maschinenfabrik verkauft ihre Erzeugnisse über Handlungsreisende. ☐

c) Ein Autohersteller gründet für den Vertrieb seiner Autos eine rechtlich selbständige Verkaufsgesellschaft. ☐

d) Der Verkaufsdirektor eines Unternehmens besucht zum Abschluß eines besonders wichtigen Geschäfts den Kunden. ☐

e) Ein Möbelhersteller setzt für den Verkauf seiner Erzeugnisse einen Kommissionär ein, der auch für andere Unternehmen tätig ist. ☐

Bedenken Sie:

Welche Abhängigkeiten bestehen zwischen den Unternehmen und ihrem Vertrieb? Wer ist weisungsgebunden, wer nicht?

Frage 147

Ein Schuh-Hersteller plant eine Umorganisation seiner Absatzwege. Der bisherige Absatzweg ist ausschließlich direkt, d. h., das Unternehmen hat in Deutschland 30 Verkaufsniederlassungen und arbeitet außerdem mit 200 Reisenden vom Stammsitz bzw. den Niederlassungen aus. Das Unternehmen möchte seinen Absatz zusätzlich erweitern, seine Fixkostenbelastung jedoch nicht erhöhen. Kennzeichnen Sie, welche Möglichkeiten beim indirekten Absatz in Frage kommen! 1 = Einzelhandel, 2 = Großhandel, 3 = Handelsvertreter, 4 = Handelsreisende.

Organisation der Vertriebswege

a) Die Fabrik sucht Unternehmen, die dem Endverbraucher die Schuhe in besonderen Geschäften vorrätig halten und im eigenen Namen für eigene Rechnung verkaufen. ☐

b) Die Fabrik sucht Unternehmen, die ihre Schuhe in größeren Mengen kaufen und in neuer Aufteilung an Wiederverkäufer auf eigene Rechnung im eigenen Namen absetzen. ☐

c) Die Fabrik sucht Unternehmen, die ihr den Absatz im Inland an Einzelhändler vermitteln, und zwar im Rahmen ihres Agentur-Sortiments. ☐

Bedenken Sie:

Setzen Sie Ihr Wissen um die einzelnen Vertriebswege ein. Durchdenken Sie jede einzelne Situation, bevor Sie antworten.

Frage 148

Die Jazor Elektro GmbH kann sich einer Reihe von kaufmännischen Hilfsgewerben bedienen: 1 = Kommissionär, 2 = Frachtführer, 3 = Handelsmakler, 4 = Spediteur. Ordnen Sie die voranstehenden Begriffe den untenstehenden Definitionen zu! Der ...

Hilfsgewerbe des Kaufmanns

a) ... ist ein selbständiger Kaufmann, der gewerbsmäßig im eigenen Namen für fremde Rechnung Waren oder Wertpapiere kauft oder verkauft. ☐

b) ... ist ein selbständiger Kaufmann, der gewerbsmäßig die Vermittlung von Verträgen übernimmt, ohne in einem ständigen Verhältnis zu seinem Auftraggeber zu stehen. ☐

c) ... übernimmt im eigenen Namen gewerbsmäßig Gütersendungen durch Frachtführer oder durch Verfrachter von Seeschiffen für Rechnung eines anderen. ☐

d) ... übernimmt gewerbsmäßig die Beförderung von Gütern zu Lande, auf Flüssen oder sonstigen Binnengewässern. ☐

Bedenken Sie:

Eine Übersicht über die einzelnen Hilfsgewerbe regt dazu an, die einzelnen Kapitel noch einmal durchzuarbeiten.

Frage 149

Bei den kaufmännischen Hilfsgewerben spielt der Handelsmakler eine gewisse Sonderrolle. Welche der unten aufgeführten Rechte oder Pflichten treffen nur auf den Handelsmakler und nicht auf andere Hilfsgewerbe des Kaufmanns zu? Kennzeichnen Sie die richtige Lösung!

Handelsmakler

a) Der Handelsmakler erhält eine Provision. ☐
b) Der Handelsmakler hat ein Selbsteintrittsrecht. ☐
c) Der Handelsmakler erteilt jeder Partei eine Schlußnote. ☐
d) Der Handelsmakler hat ein Pfandrecht an der Ware. ☐
e) Der Handelsmakler unterliegt der Schweige- und Treuepflicht. ☐

Bedenken Sie:

Die Rechte und Pflichten stimmen alle, aber nicht alle treffen auf den Handelsmakler zu. Überlegen Sie: Welche besondere Funktion hat der Handelsmakler gegenüber anderen Hilfsgewerben in der Wirtschaft?

Frage 150

Die Jazor Elektro GmbH übernimmt von der Koofmich AG Ware in Kommission. Welche Nachteile hat das für die Koofmich AG? Kennzeichnen Sie die richtige Lösung!

Kommissionär

a) Die Koofmich AG muß ein besonders großes Lager unterhalten. ☐
b) Die Provision wird erst nach der Vermittlung eines Verkaufs fällig. ☐
c) Außer der Provision muß die Koofmich AG noch Courtage bezahlen. ☐
d) Nicht verkaufte Ware muß die Koofmich AG wieder zurücknehmen. ☐
e) Die Ware wird im Namen der Koofmich AG für fremde Rechnung verkauft. ☐

Bedenken Sie:

Sie müssen sich über die besonderen Funktionen eines Kommissionärs im klaren sein. Ein Kommissionär wird oft benötigt, damit ein neues Produkt auf den Markt gebracht werden kann, das z. B. vom „normalen" Fachhändler nicht akzeptiert würde, weil es ein zu großes Risiko bedeuten würde.

Frage 151

Kennzeichnen Sie, welche der folgenden Aussagen auf den Handelsvertreter zutrifft!

Handelsvertreter

a) Er ist ein selbständiger Kaufmann, der es gewerbsmäßig übernimmt, Waren im eigenen Namen für fremde Rechnung zu kaufen oder zu verkaufen. ☐
b) Er ist ein im Außendienst tätiger Angestellter, der neben einem Fixum eine Umsatzprovision erhält. ☐
c) Er ist ein selbständiger Kaufmann, der gewerbsmäßig von Fall zu Fall Verträge vermittelt. ☐
d) Er ist ein selbständiger Kaufmann, der gewerbsmäßig Waren im fremden Namen für eigene Rechnung verkauft. ☐
e) Er ist nach § 1 HGB ein selbständiger Kaufmann, der im fremden Namen Verträge vermittelt oder abschließt. ☐

Bedenken Sie:

Es hilft alles nichts, Sie müssen die einzelnen kaufmännischen Hilfsgewerbe gut lernen. Lesen Sie doch sicherheitshalber einmal § 1 des HGB durch, dann wird die Antwort vielleicht schon leichter fallen.

Frage 152

Tragen Sie die fehlenden Absatzhelfer des Kaufmanns bei den untenstehenden Definitionen ein: 1 = Handelsvertreter, 2 = Handelsreisender, 3 = Kommissionär, 4 = Börsenmakler, 5 = Großhändler, 6 = Versicherungsmakler, 7 = Lagerhalter, 8 = Spediteur, 9 = Frachtführer.

Absatzhelfer

a) Übernimmt die Lagerung und die Aufbewahrung von Gütern. ☐
b) Wickelt die Güterversendung an private und gewerbliche Kunden ab. ☐
c) Übernimmt bei der Güterversendung die tatsächliche Beförderung. ☐
d) Übernimmt als Industriekaufmann den ständigen Verkauf für einen Hersteller in einem bestimmten Gebiet. ☐
e) Übernimmt in Deutschland die Vertretung je eines polnischen, französischen und tunesischen Werkzeugherstellers, die untereinander nicht konkurrieren. ☐

Bedenken Sie:

Zum Abschluß noch mal ein Überblick über kaufmännische Hilfsgewerbe der unterschiedlichen Art. Jetzt müßten eigentlich nur noch richtige Angaben erfolgen.

8. Personalwesen

Frage 153

Was ist die grundsätzliche Aufgabe des Arbeitsrechts? Ergänzen Sie die folgende Aussage: Das Arbeitsrecht regelt grundsätzlich die Beziehungen zwischen den ...

Arbeitsrecht

a) ... Arbeitgebern und Arbeitnehmern. ☐
b) ... Arbeitgebern und Arbeitsgerichten. ☐
c) ... Arbeitsgerichten, Arbeitgebern und Arbeitnehmern. ☐
d) ... Unternehmen und Gewerbeaufsichtsämtern. ☐
e) ... einzelnen Arbeitnehmern. ☐

Bedenken Sie:

Bei dieser Frage ist das Wörtchen „grundsätzlich" wichtig. Es ist nämlich nicht gefragt, was das Arbeitsrecht im Detail auch noch regeln könnte.

Frage 154

Wer ist aufgrund der gesetzlichen Grundlagen in Deutschland berechtigt, Tarifverträge abzuschließen?

Abschluß von Tarifverträgen

a) Jeder Arbeitgeber kann mit jedem seiner Arbeitnehmer Tarifverträge abschließen. ☐
b) Die Arbeitgeberverbände können mit den Arbeitnehmerverbänden Tarifverträge abschließen. ☐
c) Die Bundesregierung kann mit den Arbeitgeberverbänden Tarifverträge abschließen. ☐
d) Die Industrie- und Handelskammern schließen mit den Gewerkschaften Tarifverträge ab. ☐
e) Das Wirtschaftsministerium schließt mit den Unternehmerverbänden Tarifverträge ab. ☐

Bedenken Sie:

Welche Funktion hat ein Tarifvertrag? Wer wird dann wahrscheinlich solche Verträge abschließen dürfen? Welchen Einfluß darf der Staat auf Tarifverhandlungen nehmen?

Frage 155

Es wird im Tarifvertragsrecht zwischen sogenannten Lohn- und Gehaltstarifverträgen und Manteltarifverträgen unterschieden. Was wird denn u. a. in einem Manteltarifvertrag geregelt?

Manteltarifvertrag

a) Anzahl und Zusammensetzung der Betriebsangehörigen im Betriebsrat ☐

b) Arbeitszeit für Schwerbeschädigte ☐

c) Mehr- und Nachtarbeit, Sozialzulagen ☐

d) Unfallschutzvorschriften ☐

e) Vergütungssätze nach Leistungsbeurteilungsmerkmalen ☐

Bedenken Sie:

Wenn Sie wissen, was alles in einem Lohn- und Gehaltstarifvertrag steht, dann fällt die Beantwortung schon leichter. Überlegen Sie auch, welche Laufzeiten die beiden Arten von Tarifverträgen haben. Achtung: Mehrere Antwortvorschläge machen in bezug auf Tarifverträge gar keinen Sinn!

Frage 156

Wenn ein Arbeitnehmer bei einem neuen Arbeitgeber seine Arbeit antritt, dann muß er seinem Arbeitgeber mindestens folgende Dokumente aushändigen:

Arbeitsantritt

a) Bewerbungsbrief und Lohnsteuerkarte ☐

b) Foto und Versicherungsnachweis ☐

c) Personalausweis und polizeiliches Führungszeugnis ☐

d) Versicherungsnachweis und Lohnsteuerkarte ☐

e) Zeugnisse und Lebenslauf ☐

Bedenken Sie:

Erinnern Sie sich noch an Ihren ersten Arbeitstag? Welche Dokumente wurden von Ihnen gefordert? Überlegen Sie auch noch, welchen Verwendungszweck die genannten Dokumente haben.

Frage 157

Wenn in größeren Unternehmen einem Arbeitnehmer durch den Arbeitgeber gekündigt wird, dann muß noch eine andere Institution daran beteiligt werden, damit die Kündigung wirksam wird. Welche der folgenden Aussagen ist in diesem Zusammenhang richtig? Die Kündigung durch den Arbeitgeber eines größeren Unternehmens bedarf zu ihrer Wirksamkeit der ...

Wirksamkeit einer Kündigung

a) ... Anhörung der Gewerkschaften ☐
b) ... Anhörung des Betriebsrates ☐
c) ... Anzeige beim Arbeitsamt ☐
d) ... Zustimmung des Arbeitnehmers ☐
e) ... Zustimmung des Betriebsrates ☐

Bedenken Sie:

Ein Arbeitgeber kann nicht so einfach einen Arbeitnehmer entlassen. Lesen Sie unbedingt in der Gesetzessammlung den § 103 BetrVG durch, bevor Sie antworten!

Frage 158

Ein Angestellter verläßt nach 10 Jahren ein Unternehmen, um eine bessere Position zu übernehmen. Kennzeichnen Sie, welche der folgenden Angaben sein Zeugnis auf jeden Fall enthalten muß!

Zeugnisinhalt

a) Art der Beschäftigung ☐
b) Beanstandungen ☐
c) Gewerkschaftliche Tätigkeit ☐
d) Leistungen ☐
e) Zuverlässigkeit ☐

Bedenken Sie:

Unterscheiden Sie die Arbeitsbescheinigung und das qualifizierte Zeugnis. Ein Zeugnis soll von dem Wohlwollen des Arbeitgebers getragen werden. Überlegen Sie deshalb, welche Konsequenzen jede der genannten Angaben in einem Zeugnis für den Arbeitnehmer hätte.

Frage 159

Die Gründe für die fristlose Entlassung eines Arbeitnehmers sind natürlich stark eingeschränkt. Prüfen Sie deshalb nach, welche der folgenden Aussagen in diesem Zusammenhang richtig ist!

Fristlose Entlassung

a) Eine fristlose Kündigung kann wegen Arbeitsmangels im Betrieb erfolgen. ☐
b) Eine fristlose Kündigung kann wegen beharrlicher Arbeitsverweigerung erfolgen. ☐
c) Eine fristlose Kündigung kann wegen eintägigen unentschuldigten Fehlens erfolgen. ☐
d) Eine fristlose Kündigung kann wegen des Todes des Arbeitgebers erfolgen. ☐
e) Eine fristlose Kündigung kann wegen unverschuldeter Krankheit erfolgen. ☐

Bedenken Sie:

Eine fristlose Kündigung ist ein schwerwiegender Vorgang. Weder wird der Arbeitgeber eine solche Kündigung leichtfertig aussprechen, noch wird ein Arbeitnehmer dies provozieren. Welcher der genannten Gründe kann so schwerwiegend sein, daß er doch zur fristlosen Entlassung führen kann?

Frage 160

Hat ein Arbeitgeber das Recht, die Arbeitspapiere eines Arbeitnehmers zurückzubehalten, wenn zwischen beiden Seiten ein Streit über die rechtmäßige Beendigung des Arbeitsverhältnisses besteht?

Zurückbehalten von Arbeitspapieren

a) Ja, bis eine einvernehmliche Regelung getroffen wird. ☐
b) Ja, aber nur 3 Arbeitstage lang. ☐
c) Ja, aber maximal 8 Arbeitstage lang. ☐
d) Ja, bis zu 14 Arbeitstagen. ☐
e) Nein, in keinem Fall. ☐

Bedenken Sie:

Erinnern Sie sich noch an eine vorangegangene Frage zur Abgabe der Arbeitspapiere? Welche Funktion haben die Dokumente für den Arbeitnehmer und den Arbeitgeber? Welche Konsequenzen können daraus entstehen, wenn ein Arbeitnehmer bestimmte Dokumente seinem neuen Arbeitgeber nicht vorlegen kann?

Frage 161

Prokuristen und Handlungsbevollmächtigte sind als Erfüllungsgehilfen des Kaufmanns teilweise mit weitreichenden Vollmachten ausgestattet. Welche der folgenden Aufgaben dürfen sie aber trotzdem nicht in der Vertretung des Kaufmanns vornehmen?

Vollmachten

a) Eingehen von Wechselverbindlichkeiten ☐
b) Einstellen von Mitarbeitern ☐
c) Kauf von Grundstücken ☐
d) Mahnbescheide beantragen ☐
e) Steuererklärungen unterschreiben ☐

Bedenken Sie:

Wie wichtig sind die einzelnen Aufgaben in ihrer rechtlichen Wirkung für das Unternehmen? Erinnern Sie sich noch an die ersten Buchführungsstunden? Da wurde ebenfalls über eine der oben genannten Aufgaben gesprochen.

Frage 162

Es ist gesetzlich geregelt, wer grundsätzlich die Rechte aller Arbeitnehmer im Betrieb vertritt. Welche Institution ist das?

Arbeitnehmer-Vertretung

a) Betriebsrat ☐
b) Gewerbeaufsichtsamt ☐
c) Gewerkschaften ☐
d) Industrie- und Handelskammer ☐
e) Kammer für Handelssachen ☐

Bedenken Sie:

Welche Funktion haben die einzelnen Institutionen? Wen vertreten die einzelnen Institutionen? Wer wird deshalb am wahrscheinlichsten die Interessen der Arbeitnehmer im Betrieb vertreten können? Richtig, das Wörtchen „im" ist in der Fragestellung wichtig!

Frage 163

Die schnellen Veränderungen in Wirtschaft und Technik erfordern von den Menschen immer größere Mobilität. Welche Konsequenzen hat das ganz allgemein für die Berufsausbildung?

Mobilität und Berufsausbildung

a) Die Ausbildung ist auf jeden Fall von Beginn an zu spezialisieren. ☐
b) Es müssen eine breite Grundbildung und darauf aufbauend Spezialkenntnisse vermittelt werden. ☐
c) Manuelle Fertigkeiten gewinnen in Zukunft immer mehr an Bedeutung. ☐
d) Eine möglichst breite Grundausbildung ist erforderlich, Spezialkenntnisse treten in den Hintergrund. ☐
e) Es entstehen keine Konsequenzen, denn der Mensch hat sich immer schon mit seiner Situation zurechtgefunden. ☐

Bedenken Sie:

Wie läuft Ihr Ausbildungsgang ab? Wie wird Ihr Weg nach Ihrer Berufsausbildung aussehen? Welche Kenntnisse erwerben Sie in der Berufsausbildung, welche danach?

Frage 164

Die gesetzliche Sozialversicherung besteht seit dem 1. Januar 1995 aus fünf Säulen. Die Berufsgenossenschaften gehören dabei natürlich auch zum Bereich der gesetzlichen Sozialversicherung. Was sind ihre eigentlichen Aufgabengebiete?

Berufsgenossenschaften

a) Tarifvertragswesen ☐
b) Altersversorgung für Handwerk und freie Berufe ☐
c) Interessenvertretung der Arbeitgeber ☐
d) Interessenvertretung der Arbeitnehmer ☐
e) Unfallverhütung, Rehabilitation und finanzielle Leistungen aus der Unfallversicherung ☐

Bedenken Sie:

Krankenversicherung, Arbeitslosenversicherung, Rentenversicherung, Pflegeversicherung, Unfallversicherung sind die Säulen unserer gesetzlichen Sozialversicherung. Welche Institution nimmt dabei welche Aufgaben wahr?

Frage 165

Die Jazor Elektro GmbH möchte für den Produktionsbereich eine Verlängerung der regelmäßigen Arbeitszeit über 8 Stunden hinaus erreichen. Von welcher Stelle muß dies genehmigt werden?

Arbeitszeit

a) Arbeitsamt ☐
b) Berufsgenossenschaft ☐
c) Gewerbeaufsichtsamt ☐
d) Handwerkskammer ☐
e) Industrie- und Handelskammer ☐

Bedenken Sie:

Auch hier gilt für Sie wieder: Welche Institution hat welche Aufgaben? Welche Institution könnte die Interessen zwischen Arbeitnehmer, Arbeitgeber und Öffentlichkeit am besten kontrollieren und ausgleichen? Wer hat das Recht, solche Verstöße zu ahnden?

Frage 166

Es gibt die unterschiedlichsten Lohnarten. Welche der untenstehenden Begriffsbestimmungen kennzeichnet folgende Lohnarten: 1 = Akkordlohn, 2 = Indexlohn, 3 = Nominallohn, 4 = Zeitlohn? Ordnen Sie die Kennziffern den Begriffsbestimmungen richtig zu!

Lohnarten

a) Den in Geld ausgedrückten Lohn ohne Berücksichtigung der realen Kaufkraft dieses Lohnes nennt man ... ☐
b) Die Koppelung des Lohnes mit einer oder mehreren anderen wirtschaftlichen Größen nennt man ... ☐
c) Wenn die Lohnhöhe durch die geleisteten Arbeitseinheiten bestimmt wird, nennt man es ... ☐
d) Wenn der Arbeitslohn ausschließlich in Naturalien bezahlt wird, nennt man es ... ☐
e) Wenn der Maßstab für die Berechnung der Lohnhöhe die im Betrieb zugebrachte Zeit ist, nennt man es ... ☐

Bedenken Sie:

Die Begriffe und die Inhalte müssen zur Übereinstimmung gebracht werden. Da aber eine Lösung mehr als erforderlich angegeben ist, sollten die Formulierungen gut durchdacht werden, bevor Sie vorschnell antworten.

9. Organisation und Führung

Frage 167

Zur Vorbereitung betrieblicher Entscheidungsprozesse wurden eine Reihe wissenschaftlicher Methoden und Verfahren entwickelt, die unter der Bezeichnung ...

Wissenschaftliche Methoden und Verfahren

a) ... Aufbau- und Ablauforganisation zusammengefaßt werden. ☐
b) ... Management by Exception zusammengefaßt werden. ☐
c) ... Management by Objectives zusammengefaßt werden. ☐
d) ... Netzplantechnik zusammengefaßt werden. ☐
e) ... Operations Research zusammengefaßt werden. ☐

Bedenken Sie:

Überlegen Sie, was sich hinter den einzelnen Begriffen, die alle tatsächlich existieren, verbirgt. Einige Begriffe kennen Sie bereits aus anderen Fragen, manche sind recht einfach zu erkennen.

Frage 168

Bei der Jazor Elektro GmbH werden im Rahmen der Humanisierung der Arbeitswelt verschiedene Begriffe in die Diskussion eingebracht: 1 = Job Enlargement, 2 = Job Enrichment, 3 = Job Rotation. Ordnen Sie die drei Begriffe den Erläuterungen richtig zu!

Humanisierung der Arbeitswelt

a) Es handelt sich um den regelmäßigen Tausch der Arbeitsplätze zwischen den einzelnen Arbeitnehmern. ☐
b) Es handelt sich um ein neues Schlagwort der Arbeitgeber, um das Büroleben positiver zu gestalten. ☐
c) Es handelt sich um die Zusammenfassung von Teilarbeiten und Übertragung an nur einen Arbeitnehmer. ☐
d) Es handelt sich um einen medizinischen Begriff, der die Arbeitswelt näher beschreiben soll. ☐
e) Es handelt sich um die Übertragung verschiedenartiger zusammengehöriger Teilarbeiten an einen dafür länger ausgebildeten Arbeitnehmer. ☐

Bedenken Sie:

Dies ist wieder ein Beispiel dafür, daß das Auswendiglernen von Begriffen und deren Bedeutung oft schneller hilft als die Übersetzung oder Ableitung der Fremdwörter.

Frage 169

Bei der Jazor Elektro GmbH wird der Begriff der „betrieblichen Partnerschaft" benutzt. Helfen Sie Ihren Kollegen bei der Erläuterung des Begriffs, welcher ist wohl richtig?

Partnerschaft im Betrieb

a) „Betriebliche Partnerschaft" ist nur eine andere Bezeichnung für das „Betriebsklima". ☐
b) „Betriebliche Partnerschaft" ist die Beteiligung der Arbeitnehmer an der gesamtbetrieblichen Verantwortung. ☐
c) „Betriebliche Partnerschaft" ist die Fähigkeit der Arbeitnehmer, in einer Gruppe zu arbeiten. ☐
d) „Betriebliche Partnerschaft" ist ein großzügiges Verhalten der Unternehmensleitung. ☐
e) „Betriebliche Partnerschaft" ist das persönliche und freundschaftliche Verhältnis unter den Arbeitnehmern des jeweiligen Betriebes. ☐

Bedenken Sie:

Auf Anhieb klingen alle Behauptungen erst einmal recht vernünftig. Wenn Sie aber die einzelnen Erklärungen konsequent durchdenken, bleibt nur noch eine Antwort übrig.

Frage 170

Was versteht man unter dem Begriff „Betriebsorganisation"?

Betriebsorganisation

a) Es ist das Grundprinzip des wirtschaftlichen Handelns zur Erreichung eines großen Erfolges mit einem gegebenen Aufwand. ☐
b) Es ist die planmäßige innerbetriebliche Gestaltung der Arbeitsabläufe nach bestimmten Ordnungsprinzipien. ☐
c) Es ist die Überwachung der Lieferbedingungen und der betrieblichen Gütesicherung. ☐
d) Es sind alle vernünftigen und sinnvollen Maßnahmen zur Steigerung der Wirtschaftlichkeit. ☐
e) Es sind alle freiwilligen Leistungen der Arbeitnehmer zur Erreichung des jeweiligen Betriebszieles. ☐

Bedenken Sie:

Falls Sie sich nicht auf Anhieb an die richtige Definition erinnern können, durchdenken Sie jede einzelne Behauptung. Manche haben sogar tatsächlich eine Bedeutung, aber nicht unbedingt im Zusammenhang mit dem Begriff „Betriebsorganisation".

Frage 171

Ein gutes „Betriebsklima" weiß jeder in einem Unternehmen zu schätzen. Nur, was umfaßt der Ausdruck „Betriebsklima" tatsächlich? Kennzeichnen Sie die richtige Antwort!

Betriebsklima

a) Unter „Betriebsklima" versteht man die Arbeitszeitordnung und den Arbeitsrhythmus. ☐
b) Unter „Betriebsklima" versteht man den weiten Bereich der zwischenmenschlichen Beziehungen im Betrieb. ☐
c) Unter „Betriebsklima" versteht man die Lichtverhältnisse, die Temperatur und die Luftfeuchtigkeit am Arbeitsplatz. ☐
d) Unter „Betriebsklima" versteht man das partnerschaftliche Verhältnis gleichartiger Betriebe untereinander. ☐
e) Unter „Betriebsklima" versteht man die zweckmäßige Gestaltung der Betriebsmittel. ☐

Bedenken Sie:

Manche Antworten klingen richtig, doch kann mit „Betriebsklima" wirklich die Raumtemperatur gemeint sein? Sicherlich handelt es sich hier um einen sehr viel weiter gefaßten Begriff.

Frage 172

Durch welche Maßnahmen kann die Geschäftsleitung eines Unternehmens zu einem guten „Betriebsklima" beitragen?

Maßnahmen zum Betriebsklima

a) Die Förderung konstruktiver Kritik trägt zum guten „Betriebsklima" bei. ☐
b) Ein gerechtes Lohnsystem trägt zum guten „Betriebsklima" bei. ☐
c) Grundsätzlich trägt jedes freundschaftliche Umgehen der Geschäftsleitung untereinander zum guten „Betriebsklima" bei. ☐
d) Die weitgehende Einschränkung der Urlaubswünsche trägt zum guten „Betriebsklima" bei. ☐
e) Die korrekte Einhaltung der Schutzbestimmungen für Arbeitnehmer trägt zum guten „Betriebsklima" bei. ☐

Bedenken Sie:

Die Geschäftsleitung kann durch bestimmte Maßnahmen das gute „Betriebsklima" fördern. Andererseits müssen auch die Mitarbeiter dazu beitragen, denn verordnete Maßnahmen alleine führen noch nicht zum positiven Ergebnis.

Frage 173

Durch den Vergleich des Stellengliederungsplans mit dem Stellenbesetzungsplan lassen sich viele Aussagen über die Stellen treffen. Aber was kann man durch diesen Vergleich auf jeden Fall nicht feststellen?

Pläne vergleichen

a) Es ist nicht feststellbar, ob Stellen im Hinblick auf den Personalbestand fehlen. ☐

b) Es ist nicht feststellbar, ob Stellen kommissarisch wahrgenommen werden. ☐

c) Es ist nicht feststellbar, ob produktive bzw. unproduktive Aufgaben wahrgenommen werden. ☐

d) Es ist nicht feststellbar, ob Stellen im Unternehmen zur Zeit unbesetzt sind. ☐

e) Es ist nicht feststellbar, wie die genaue tarifliche Einstufung der Stelle ist. ☐

Bedenken Sie:

Wenn Sie nicht ganz sicher sind, sollten Sie wieder Ihr Lehrbuch zur Hand nehmen und das entsprechende Kapitel gut durcharbeiten. Vielleicht hilft aber auch hier das genaue Durchdenken der vorgeschlagenen Lösungsmöglichkeiten, um unsinnige Behauptungen auszuschließen.

Frage 174

Eine Unternehmensführung aus mehreren Personen kann grundsätzlich nach zwei verschiedenen Organisationssystemen arbeiten. Welche der folgenden Aussagen trifft dabei auf das „Kollegialprinzip" zu? Beim „Kollegialprinzip" liegt die Führung des Unternehmens ...

Kollegialprinzip

a) ... gemeinsam in der Hand aller Arbeitnehmer, bei Meinungsverschiedenheiten entscheidet der Betriebsrat. ☐

b) ... in der Hand einer Gruppe von Personen, ein Mitglied der Gruppe hat aber das Recht, bei Meinungsverschiedenheiten allein zu entscheiden. ☐

c) ... in der Hand von mehreren Personen, die gleichberechtigt sind. ☐

d) ... in der Hand mehrerer Personen, von denen aber (in einer Linie) jeder einer anderen über- bzw. untergeordnet ist. ☐

e) ... ausschließlich in der Hand einer einzelnen Person. ☐

Bedenken Sie:

Im wesentlichen unterscheiden wir bei den Führungsprinzipien das Direktorialprinzip und das Kollegialprinzip. Schon der Name sagt etwas über die Art des Führens und Entscheidens aus.

Frage 175

Oft hören oder lesen Sie: „Das Management des Unternehmens hat **Managementbegriff**
entschieden." Was versteht man nun im weitesten Sinne unter dem
Begriff „Management"?

a) Unter Management versteht man die betrieblichen Einrich- ☐
tungen zur Förderung der „Public Relations".

b) Unter Management versteht man eine Gruppe von Personen ☐
(Führungskräfte), die grundsätzlich anderen Personen Wei-
sungen erteilen darf.

c) Unter Management versteht man nur die Direktoren von ☐
Unternehmen.

d) Unter Management versteht man natürlich die Reisenden im ☐
industriellen Bereich.

e) Unter Management versteht man jede verwaltungstechni- ☐
sche Tätigkeit für Führungskräfte und andere übergeordnete
Personen.

Bedenken Sie:

Mancher Lösungsvorschlag geht haarscharf an der richtigen Lösung vorbei, es ist sogar eine Scherzantwort dabei. Aber Nachdenken oder Nachlesen im Lehrbuch helfen sicherlich bei der Beantwortung.

Frage 176

„Jeder Sachbearbeiter kann im einzelnen Fall über Materialbeschaffung **Führungstechniken**
bis zu einem bestimmten Lieferwert selbst entscheiden. Bei höherem
Bestellwert ist die Entscheidung des Abteilungsleiters einzuholen."
Welche Führungstechnik wird beschrieben?

a) Management by Delegation ☐

b) Management by Exception ☐

c) Management by Information ☐

d) Management by Objectives ☐

e) Management by Results ☐

Bedenken Sie:

Hier müssen Sie die einzelnen Führungstechniken gut kennen, um die richtige Antwort zu geben. Ein wenig hilft bei der Beantwortung auch die Übersetzung der Begriffe. Arbeiten Sie trotzdem vorher das Lehrbuch zu diesem Thema gut durch.

Frage 177

Welches der folgenden Merkmale ist ein wesentliches Kennzeichen des Stab-Linien-Systems?

Stab-Linien-System

a) Die Entscheidungs- und die Weisungsbefugnis geht von den Instanzen auf die Stabsstellen über. ☐
b) Die Instanzen des Liniensystems werden jetzt zu Stabsstellen umgewandelt. ☐
c) Die Stabsstellen werden zur Entlastung der oberen Instanzen des Liniensystems gebildet. ☐
d) Die Unternehmensführung wird durch einen Führungsstab ersetzt. ☐
e) Die Linienstellen übernehmen auch noch die Aufgaben der bisherigen Stabsstellen. ☐

Bedenken Sie:

Welche Aufgaben haben denn nun Stabsstellen oder „Stäbe"? Wenn Sie nicht ganz sicher sind, schlagen Sie im Lehrbuch nach.

Frage 178

Wie lassen sich die Führungsprinzipien 1 = Management by Control and Direction, 2 = Management by Delegation, 3 = Management by Exception, 4 = Management by Motivation, 5 = Management by Objectives grundsätzlich erklären? Ordnen Sie die Ziffern richtig zu!

Führungsprinzipien

a) Die Aufgaben werden soweit wie möglich auf die Mitarbeiter übertragen, die auch die entsprechenden Befugnisse haben und die Verantwortung für ihren Bereich tragen. ☐
b) Ein autoritäres Führungsprinzip, in dessen Rahmen die Arbeit nur verteilt und die Arbeitsausführung überwacht wird. ☐
c) Die Unternehmensführung greift in die den einzelnen Führungskräften übertragenen Aufgabenbereiche nur ein, wenn vorher festgelegte Ausnahmefälle eingetreten sind. ☐
d) Die Betriebsleitung und die Mitarbeiter erarbeiten gemeinsam bestimmte Ziele, die der jeweilige Mitarbeiter in seinem Arbeitsbereich verwirklichen soll. ☐
e) Zur Steuerung des individuellen Leistungsverhaltens werden die Ergebnisse der Verhaltensforschung berücksichtigt, um die persönlichen Ziele der Mitarbeiter mit den Unternehmenszielen wirkungsvoll zu kombinieren. ☐

Bedenken Sie:

Die Übersetzung der Fachbegriffe reicht hier nicht aus, um die richtige Lösung zu finden. Arbeiten Sie auf jeden Fall Ihr Lehrbuch intensiv durch, bevor Sie antworten.

10. Geld und Zahlungsverkehr

Frage 179

Die Jazor Elektro GmbH möchte ihre Zahlungsbedingung für Kleinkunden auf die Bedingung „Zug um Zug" umstellen. Was bedeutet das für diese Kundengruppe?

Zahlung „Zug um Zug"

a) Die Kleinkunden der Jazor Elektro GmbH haben jetzt ein Zahlungsziel von vier Wochen. ☐
b) Die Kleinkunden der Jazor Elektro GmbH können jetzt in Raten zahlen. ☐
c) Die Kleinkunden der Jazor Elektro GmbH müssen jeweils eine Anzahlung leisten. ☐
d) Die Kleinkunden der Jazor Elektro GmbH übernehmen jeweils die „Ware gegen Geld". ☐
e) Die Kleinkunden der Jazor Elektro GmbH zahlen ab sofort immer im voraus. ☐

Bedenken Sie:

Jede der oben genannten Zahlungsarten gibt es tatsächlich. Welche gehört aber zur Zahlung „Zug um Zug"?

Frage 180

Bei Barzahlungen ist es zumindest beim Handelskauf allgemein üblich, Quittungen auszustellen. Welche der folgenden Aussagen über die Quittierung einer geleisteten Zahlung ist falsch?

Quittung

a) Der zu zahlende Betrag muß in Buchstaben oder Ziffern genannt sein. ☐
b) Das Datum des Geldempfangs muß mit Tag, Monat und Jahr genannt sein. ☐
c) Die Angabe der Rechnungsnummer und des Rechnungsdatums darf nicht auf der Quittung fehlen. ☐
d) Der Name des Zahlenden ist ebenfalls auf der Quittung einzutragen. ☐
e) Die Unterschrift des Geldempfängers darf bei einer Quittung nicht fehlen. ☐

Bedenken Sie:

Wie wird die Quittung weiterverarbeitet? In welcher Abteilung wird sie später in das betriebliche Zahlenwerk integriert? Welche Angaben müssen deshalb für diese Weiterverarbeitung vorhanden sein?

Frage 181

Der Auszubildende Willi Dienst fragt seinen Abteilungsleiter, was denn der Begriff Giroverkehr bedeutet. Dieser weiß nur, daß es etwas mit dem Zahlungsverkehr zu tun hat. Welche weitere Aussage ist ebenfalls noch richtig?

Giroverkehr

a) Der Giroverkehr dient der Abwicklung des bargeldlosen Zahlungsverkehrs. ☐
b) Der Giroverkehr ist die Warteschleife beim internationalen Flugverkehr. ☐
c) Der Giroverkehr ist natürlich der Schriftverkehr mit den Gerichten. ☐
d) Der Giroverkehr ist ausschließlich der Zahlungsverkehr mit dem Ausland. ☐
e) Der Giroverkehr wickelt den gesamten Zahlungsverkehr mit Wechseln ab. ☐

Bedenken Sie:

Sie haben den Begriff wahrscheinlich nicht nur im Unterricht, sondern auch bei der Einrichtung Ihres Kontos gehört.

Frage 182

Karlheinz Spindler muß eine Geschäftsreise ins Ausland unternehmen. Er bitte den Auszubildenden Christian Hinz, ihm die entsprechenden „Sorten" zu besorgen. Was antwortet er auf dessen verständnislosen Blick hin?

Sorten

a) Es handelt sich um die Art und Beschaffenheit von Waren aus dem Ausland. ☐
b) Es handelt sich auf jeden Fall um ausländische Zahlungsaufträge. ☐
c) Es handelt sich bei den zu beschaffenden „Sorten" um die sogenannten Fremdwährungsschecks, die jetzt innerhalb der EU üblich sind. ☐
d) Es handelt sich hier um Noten und Münzen in ausländischer Währung. ☐
e) „Sorten" ist eine Warenauswahl oder eine Warenkollektion aus dem Ausland. ☐

Bedenken Sie:

Helfen Sie dem Auszubildenden Christian Hinz, indem Sie ihn auf den Unterschied zwischen „Sorten" und „Devisen" hinweisen. Dies ist ein erster Lösungsansatz. Sogar beim kaufmännischen Rechnen finden Sie weitere Lösungshinweise.

Frage 183

In der Buchhaltung wird gestritten, wann ein Scheck fällig, also zahlbar sei. Die Meinungen gehen weit auseinander. Helfen Sie bei der Lösung der Antwort.

Fälligkeit von Schecks

a) Ein Scheck ist am Ausstellungstag fällig. ☐

b) Ein Scheck ist bei Sicht fällig. ☐

c) Ein Scheck ist innerhalb von 8 Tagen fällig. ☐

d) Ein Scheck ist innerhalb von 10 Tagen fällig. ☐

e) Ein Scheck ist spätestens 3 Tage nach der Weitergabe fällig. ☐

Bedenken Sie:

Fällig bedeutet, daß der Scheck dann bezahlt werden muß. Das wäre eine logische Aussage zur Fälligkeit. Denken Sie auch daran, daß ein Scheck nicht zu Kreditzwecken mißbraucht werden darf. Falls es Ihnen zur Verfügung steht, beachten Sie auch das Scheckgesetz, Artikel 29.

Frage 184

Nachdem die Frage der Fälligkeit beantwortet ist, wirft der Auszubildende Christian Hinz die Frage auf, innerhalb welcher Frist denn der Scheck bei der bezogenen Bank vorgelegt werden muß. Helfen Sie ihm, indem Sie die richtige Lösung kennzeichnen!

Vorlegefrist für Schecks

a) Innerhalb von 3 Tagen nach Ausstellung muß der Scheck der bezogenen Bank vorgelegt werden. ☐

b) Innerhalb von 8 Tagen nach Ausstellung muß der Scheck der bezogenen Bank vorgelegt werden. ☐

c) Innerhalb von 14 Tagen nach Ausstellung muß der Scheck der bezogenen Bank vorgelegt werden. ☐

d) Innerhalb von 1 Monat nach Ausstellung muß der Scheck der bezogenen Bank vorgelegt werden. ☐

e) Innerhalb von 3 Monaten nach Ausstellung muß der Scheck der bezogenen Bank vorgelegt werden. ☐

Bedenken Sie:

Auch hier ist das Durchlesen von Artikel 29 sowie der Artikel 32 und 40 des Scheckgesetzes ganz hilfreich. Wenn die Vorlegefrist verstrichen ist, dann ist u. a. die bezogene Bank nicht mehr verpflichtet, den Scheck einzulösen. Die Bank darf ihn sogar nicht mehr einlösen, wenn der Aussteller nach der Vorlegungsfrist die Einlösung widerrufen hat.

Frage 185

Nach der Art der Einlösung werden Schecks in Barschecks und Verrechnungsschecks unterschieden. Schecks mit dem Vermerk „nur zur Verrechnung" werden dabei ...

Verrechnungsscheck

a) ... auch ohne Deckung eingelöst. ☐
b) ... auf dem Konto des Scheckberechtigten gutgeschrieben. ☐
c) ... bar ausbezahlt. ☐
d) ... nicht weitergegeben. ☐
e) ... nur mit Indossament weitergegeben. ☐

Bedenken Sie:

Hilfreich ist es zu wissen, daß Banken nie ein Risiko eingehen! Daraufhin wird zumindest eine Antwort schon nicht mehr in Frage kommen. Die anderen Aussagen sollten Sie darauf prüfen, ob die Abwicklung praktikabel oder sinnvoll ist.

Frage 186

Vorhin wurde schon nach der Vorlegefrist eines Schecks gefragt. Es kann natürlich vorkommen, daß er erst nach der Frist vorgelegt wird. Was ergibt sich dann für den Inhaber für eine rechtliche Wirkung?

Überschreiten der Vorlegefrist eines Schecks

a) Das Überschreiten der Vorlegefrist hat keine Folge, da der Scheck kein Verfalldatum trägt. ☐
b) Das Überschreiten der Vorlegefrist hat keine weitere Folge, denn er kann prolongiert werden. ☐
c) Das Überschreiten der Vorlegefrist führt dazu, daß die Bank die Auszahlung sperrt. ☐
d) Das Überschreiten der Vorlegefrist führt dazu, daß der Inhaber u. a. das Rückgriffsrecht gegen Indossanten und Aussteller verliert. ☐
e) Das Überschreiten der Vorlegefrist führt zu einer Strafanzeige wegen Kreditbetrug, denn ein Scheck darf nicht zur Kreditgewährung führen. ☐

Bedenken Sie:

Die Artikel 29, 32 und 40 des Scheckgesetzes sollten Sie bereits für eine der vorangehenden Aufgaben durchgearbeitet haben, deshalb dürfte Ihnen die Antwort auf diese Frage eigentlich leichtfallen. Ergänzend hilft auch ein Durcharbeiten des Kapitels „Scheck" in Ihrem Lehrbuch.

Frage 187

Ein Wechsel muß 8 gesetzliche Bestandteile und kann 7 kaufmännische Bestandteile aufweisen. Kennzeichnen Sie, welche der unten aufgeführten Bestandteile zu den unverzichtbaren gesetzlichen Bestandteilen eines Wechsels gehören.

Bestandteile des Wechsels

a) Zahlstellenvermerk ☐

b) Anschrift des Ausstellers ☐

c) Ort und Datum der Wechselausstellung ☐

d) Ordervermerk / Name des Wechselnehmers ☐

e) Angabe des Zahlungsortes ☐

Bedenken Sie:

Das Durcharbeiten des Lehrbuches hilft immer bei der Beantwortung der Frage, aber auch das Durchlesen der Artikel 1, 2, 3, 4, 9, 11, 33 und 41 des Wechselgesetzes (WG) fördert die richtige Auflösung dieser Aufgabe.

Frage 188

Sie erhalten von Ihrem Banknachbarn in der Berufsschule einen „Informationszettel" mit der Mitteilung: „Ein ... liegt vor, wenn der Aussteller den Bezogenen auffordert, an ihn selbst zu zahlen (Aussteller = Wechselnehmer)." Leider ist eben nicht alles lesbar. Wie wird die vollständige und korrekte Formulierung lauten?

Wechsel

a) Ein *unbezahlbarer Wechsel* liegt vor, wenn der Aussteller ☐ den Bezogenen auffordert, an ihn selbst zu zahlen.

b) Ein *Wechsel an eigene Order* liegt vor, wenn der Aussteller ☐ den Bezogenen auffordert, an ihn selbst zu zahlen.

c) Ein *Wechsel an fremde Order* liegt vor, wenn der Aussteller ☐ den Bezogenen auffordert, an ihn selbst zu zahlen.

d) Ein *gezogener Wechsel* liegt vor, wenn der Aussteller den ☐ Bezogenen auffordert, an ihn selbst zu zahlen.

e) Ein *geplatzter Wechsel* liegt vor, wenn der Aussteller den ☐ Bezogenen auffordert, an ihn selbst zu zahlen.

Bedenken Sie:

Auch unsinnige Antworten wirken auf den ersten Blick recht überzeugend. Arbeiten Sie deshalb unbedingt in Ihrem Lehrbuch das Kapitel „Wechsel" nach, und lesen Sie die Artikel 3 und 11 des Scheckgesetzes, sie helfen bei der Lösung der Aufgabe weiter.

Frage 189

Das Geld übernimmt in einer Volkswirtschaft im wesentlichen vier Funktionen. Welche der folgenden Funktionen gehört nicht dazu?

Funktionen des Geldes

a) Tauschmittel ☐
b) Geldersatzmittel ☐
c) Recheneinheit ☐
d) Wertaufbewahrungsmittel ☐
e) Kaufkraftübertragungsmittel ☐

Bedenken Sie:

Denken Sie in Ruhe darüber nach, was Sie mit Geld alles machen können, dann fällt Ihnen die Antwort leichter!

Frage 190

Bei welchen der folgenden Zahlungsmittel spricht man von „gesetzlichen Zahlungsmitteln"?

Gesetzliche Zahlungsmittel

a) Bargeld: Banknoten ☐
b) Bargeld: Münzen ☐
c) Buchgeld (Giralgeld) ☐
d) Geldersatzmittel ☐
e) Geldmittel zahlungshalber ☐

Bedenken Sie:

Welche Zahlungsmittel muß jeder annehmen, wenn jemand damit bezahlt? Wenn Sie das wissen, haben Sie die richtige Lösung!

Frage 191

Welche der folgenden Stichworte und Erläuterungen würden Sie ganz allgemein nicht als Vorteil einer bargeldlosen Zahlung im täglichen Geschäftsleben ansehen?

Vorteile bargeldloser Zahlung

a) bequem durch Verfügungen vom Schreibtisch aus ☐
b) jederzeit durch Scheckausstellung ☐
c) kostenintensiv durch höhere Gebühren bei bargeldloser Zahlung ☐
d) termingerecht durch Erteilung von Daueraufträgen ☐
e) sicher durch verschlüsselte Überweisung ☐

Bedenken Sie:

Denken Sie einmal darüber nach, warum Sie selbst oft die bargeldlose Zahlung nutzen.

Frage 192

Bei welchen der folgenden Zahlungsarten benötigt wenigstens einer der Beteiligten ein Konto?

Zahlungsarten

a) Zahlung mit Wertbrief ☐
b) Zahlung mit Zahlschein ☐
c) Zahlung mit Verrechnungsscheck ☐
d) Zahlung durch Boten ☐
e) Zahlung per BTX ☐

Bedenken Sie:

Denken Sie an Ihre eigenen Verhaltensweisen bei der Bezahlung von Rechnungen. In welchen Fällen würden Sie ein Konto benötigen?

11. Steuern

Frage 193

Die Steuern werden im allgemeinen an die Finanzämter abgeführt. Stellen Sie fest, welche der folgenden Aussagen über die Finanzämter nicht richtig ist!

Finanzämter

a) Der Einspruch gegen Steuerbescheide des Finanzamtes gehört zu den außergerichtlichen Rechtsbehelfen. ☐
b) Die Finanzämter sind Bundesbehörden, die für alle Verbrauchsteuern zuständig sind. ☐
c) Die Oberfinanzdirektionen (OFD) gehören zu den Landesbehörden. ☐
d) Die Finanzämter gehören zu den Landesbehörden, die für alle Besitz- und Verkehrsteuern zuständig sind. ☐
e) Wird eine Zahlung nicht rechtzeitig entrichtet, so wird vom Finanzamt ein Bußgeld erhoben. ☐

Bedenken Sie:

Die Finanzverwaltung ist in örtliche Behörden, Mittelbehörden und die oberste Leitung gegliedert! Die Rechtsbehelfe gliedern sich in außergerichtliche und gerichtliche Straf- und Bußgeldverfahren und werden in Gang gesetzt, wenn Steuerstraftaten bzw. Ordnungswidrigkeiten bemerkt werden. Sie müssen jetzt nur richtig zuordnen!

Frage 194

Es gibt in Deutschland über 60 Steuerarten. Kennzeichnen Sie, welche Steuerart zu welcher Aussage gehört: 1 = Vermögensteuer, 2 = Einkommensteuer, 3 = Umsatzsteuer, 4 = Grunderwerbsteuer, 5 = Körperschaftsteuer, 6 = Gewerbesteuer, 7 = Grundsteuer.

Zuordnung der Steuerarten

a) Die Bemessungsgrundlage sind der Gewerbeertrag und das Gewerbekapital des Unternehmens. ☐
b) Sie wird auch als die „Einkommensteuer der juristischen Personen" bezeichnet. ☐
c) Der Steuersatz beträgt bei natürlichen Personen 0,5 % vom steuerpflichtigen Vermögen. ☐
d) Zu den steuerbaren Umsätzen zählen z. B. Lieferungen eines Unternehmens im Erhebungsgebiet gegen Entgelt. ☐
e) Der Gegenstand der Besteuerung ist der Wechsel des Eigentümers von bebauten und unbebauten Grundstücken. ☐

Bedenken Sie:

Diese Steuerarten muß man genau unterscheiden können, sonst sind die Antworten – auch in der mündlichen Prüfung – schwierig.

Frage 195

Der Staat unterscheidet bei den Steuerarten grundsätzlich zwischen 1 = Verbrauchsteuer, 2 = Verkehrsteuer, 3 = Besitzsteuer. Nehmen Sie jetzt aufgrund dieser Einteilung die richtige Zuordnung der einzelnen Steuerarten vor!

Verbrauchsteuer
Verkehrsteuer
Besitzsteuer

a) Mineralölsteuer ☐
b) Grundsteuer ☐
c) Börsenumsatzsteuer ☐
d) Grunderwerbsteuer ☐
e) Körperschaftsteuer ☐

Bedenken Sie:

Besteuert wird vom Staat üblicherweise entweder der Verbrauch, der Umsatz oder der Besitz von Waren, Dienstleistungen oder Werten. Denken Sie darüber nach, was bei den einzelnen Steuerarten tatsächlich besteuert wird.

Frage 196

Gewerbebetriebe werden im Gegensatz zu den Freiberuflern der Gewerbesteuer unterworfen. Wenn Sie die Tagespresse verfolgen, ist die Gewerbesteuer immer wieder heftig in der Diskussion. Welche der folgenden Aussagen zur Gewerbesteuer sind richtig?

Gewerbesteuer

a) Die Gemeinde legt den jeweiligen Hebesatz der Gewerbesteuer fest. ☐
b) Die Gewerbesteuer gehört zu der Gruppe der direkten Steuern. ☐
c) Die Gewerbesteuer gehört zu der Gruppe der betrieblichen Steuern. ☐
d) Der steuerpflichtige Gewerbebetrieb erhält von der Gemeinde den Gewerbesteuerbescheid. ☐
e) Die Gewerbesteuer wird an den jeweiligen Fälligkeitsterminen an die Gemeinde bzw. Stadtverwaltung gezahlt. ☐

Bedenken Sie:

Um diese Aufgabe fehlerlos zu beantworten, müssen Sie unbedingt das Kapitel über die „Gewerbesteuer" im Lehrbuch gründlich durcharbeiten. Ein Blick in das Gewerbesteuergesetz von 1984 kann dabei bestimmt auch nicht schaden.

Frage 197

Die Umsatzsteuer (Mehrwertsteuer) ist eine der wichtigsten Einnahmequellen unseres Staates. Kennzeichnen Sie falsche Aussagen über diese Steuerart.

Umsatzsteuer

a) Die Zahllast wird durch die Berechnung „Vorsteuer abzüglich Mehrwertsteuer" festgestellt. ☐
b) Die Vorsteuer stellt keine Kosten dar, sondern zählt zu den durchlaufenden Posten. ☐
c) Der volle Steuersatz beträgt 15 %, der verminderte Steuersatz beträgt 7,5 %. ☐
d) Die Leistungen von Handelsbetrieben sind grundsätzlich von der Umsatzsteuer befreit. ☐
e) Die Zahllast wird dem Finanzamt durch die Abgabe einer Umsatzsteuer-Voranmeldung mitgeteilt. ☐

Bedenken Sie:

Eine scheinbar leichte Aufgabe, die jedoch eine kleine Falle enthält. Durchdenken Sie wirklich jede Aussage, bevor Sie eine Antwort niederschreiben. Berücksichtigen Sie bei Ihrer Antwort auch Ihr Wissen aus dem Bereich der Buchführung.

Frage 198

Die Grundsteuer besteuert den Besitz von land- und forstwirtschaftlichen Betrieben sowie bebauten und unbebauten Grundstücken. Die Bemessungsgrundlage ist der Einheitswert, ein nach dem „Bewertungsgesetz (BewG)" einheitlich festgesetzter Maßstab für schwer feststellbare Vermögenswerte. Kennzeichnen Sie hier die falschen Aussagen zur Grundsteuer!

Grundsteuer

a) Die Grundsteuer gehört zur Gruppe der Realsteuern. ☐
b) Die Grundsteuer wird an die Gemeinden abgeführt. ☐
c) Das Finanzamt stellt den Steuermeßbetrag fest. ☐
d) Die Grundsteuer wird an das zuständige Finanzamt bezahlt. ☐
e) Die Grundsteuer wird mit Hilfe von Hebesätzen, die vom Finanzamt festgelegt werden, berechnet. ☐

Bedenken Sie:

Auch hier gilt wieder: Zur richtigen Beantwortung sollte vorher unbedingt das Lehrbuch zum Kapitel „Grundsteuer" durchgearbeitet werden.

Frage 199

Die Einkommensteuer kommt im wesentlichen dem Bund und den Ländern zugute, nur ein kleinerer Teil fließt an die Gemeinden. Kennzeichnen Sie hier die falschen Aussagen zur Einkommensteuer!

Einkommensteuer

a) Einkommensteuerpflichtig sind grundsätzlich alle natürlichen Personen. ☐
b) Werbungskosten sind Aufwendungen zur Erwerbung, Sicherung und Erhaltung der Einnahmen. ☐
c) Ehegatten können nicht mehr zwischen getrennter Veranlagung und Zusammenveranlagung wählen. ☐
d) Für die Berechnung der Steuerschuld wird die Einkommensteuertabelle verwendet. ☐
e) Einkommensteuerpflichtig sind grundsätzlich nur juristische Personen. ☐

Bedenken Sie:

Arbeiten Sie im Lehrbuch das Kapitel „Einkommensteuer" durch. Lesen Sie im Gesetzestext insbesondere die Paragraphen 1, 9, 10, 24, 26 und 32 EStG genau durch.

Frage 200

Das Finanzamt bietet dem Steuerpflichtigen verschiedene Arten der Gewinnermittlung, die für ihn unterschiedlich vorteilhaft sind. Welche der unten genannten Möglichkeiten ist dabei falsch?

Gewinnermittlung

a) Vermögensvergleich, d. h. der Unterschiedsbetrag zwischen dem Betriebsvermögen am Schluß und am Anfang eines Wirtschaftsjahres ☐
b) Überschußrechnung, d. h. die Ermittlung des Überschusses der Betriebseinnahmen gegenüber den Betriebsausgaben ☐
c) Eintragungen auf der Lohnsteuerkarte, d. h. die Eintragung der Steuervergünstigungen durch das Finanzamt ☐
d) Ordnungsgemäße Buchführung, d. h. die Ermittlung des Gewinns im Gewinn- und Verlustkonto der Buchführung ☐
e) Schätzung durch das Finanzamt, d. h. die Ermittlung des Gewinns z. B. mit Hilfe von Durchschnittssätzen (Richtzahlen) ☐

Bedenken Sie:

Lesen Sie im Gesetzestext die Paragraphen 4 und 5 EStG sowie § 162 AO durch. Auch das Durcharbeiten des Lehrbuches zum Kapitel „Gewinnermittlung bei der Einkommensteuer" hilft bei der Beantwortung weiter.

Frage 201

Die Lohnsteuer kommt im wesentlichen dem Bund und den Ländern zugute, nur ein kleinerer Teil fließt an die Gemeinden. Kennzeichnen Sie hier die falschen Aussagen zur Lohnsteuer!

Lohnsteuer

a) Die Lohnsteuerkarte wird auf Antrag des Lohnsteuerpflichtigen vom zuständigen Finanzamt ausgestellt. ☐
b) Die Lohnsteuer ist die Einkommensteuer der nicht selbständig Tätigen und wird im Abzugsverfahren erhoben. ☐
c) Zur Vereinfachung des Abzugs der Lohnsteuer werden Lohnsteuertabellen für monatliche, wöchentliche und tägliche Lohnzahlung aufgestellt. ☐
d) Bei der Lohnsteuer werden sieben verschiedene Steuerklassen unterschieden. ☐
e) Sonderausgaben sind meist Aufwendungen der Lebensführung, die mit einer Einkunftsart in wirtschaftlichem Zusammenhang stehen. Sie werden aus sozial-, finanz- und wirtschaftspolitischen Gründen steuerlich begünstigt. ☐

Bedenken Sie:

Die gesetzliche Grundlage der Lohnsteuer ist das Einkommensteuergesetz (EStG) von 1990, besonders wichtig für die Lohnsteuer sind die Paragraphen 38 bis 42, die Sie durcharbeiten sollten, bevor Sie diese Frage beantworten.

Frage 202

Die Personalabteilung der Jazor Elektro GmbH hat von ihrem Mitarbeiter Manfred Huber keine Lohnsteuerkarte erhalten. Nach welcher Steuerklasse muß die Jazor jetzt die Lohnsteuer einbehalten?

Fehlende Lohnsteuerkarte

a) Die Jazor Elektro GmbH muß zwischen Steuerklasse I oder II wählen. ☐
b) Die Jazor Elektro GmbH muß unbedingt Steuerklasse III wählen. ☐
c) Die Jazor Elektro GmbH muß zwischen Steuerklasse IV oder V wählen. ☐
d) Die Jazor Elektro GmbH muß auf jeden Fall Steuerklasse VI wählen. ☐
e) Die Jazor Elektro GmbH kann im Interesse des Arbeitnehmers die Steuerklasse frei wählen. ☐

Bedenken Sie:

Welche Konsequenzen hat die Wahl der Steuerklasse für die Höhe der abzuführenden Lohnsteuer? Welche Interessen hat dabei der Staat als Empfänger der Lohnsteuer? Welche Freiheiten wird der Staat dem Arbeitgeber lassen?

Frage 203

Welches der folgenden Gesetze gilt als die „Bibel des Steuerwesens"?

Rechtsgrundlage für Steuern

a) Finanzgerichtsordnung ☐
b) Grundgesetz ☐
c) Handelsgesetzbuch ☐
d) Abgabenordnung ☐
e) Bürgerliches Gesetzbuch ☐

Bedenken Sie:

Das Gesetz klingt eigentlich recht harmlos, ist aber eines der wichtigsten Gesetze unseres Staates.

Frage 204

Welche Bundesbehörde ist im Rahmen der Finanzverwaltung für alle Verbrauchsteuern zuständig?

Zuständigkeit der Finanzverwaltung

a) Finanzämter ☐
b) Hauptzollämter ☐
c) Oberfinanzdirektionen ☐
d) Finanzgerichte ☐
e) Finanzminister der Länder ☐

Bedenken Sie:

Verbrauchsteuern sind fast ausschließlich Bundessteuern. Welche der aufgezählten Behörden gehört zum Bund?

Lösungsteil

1. Rechtliche Grundlagen

Antwort 1

Lösung: b), d), e)

Bedenken Sie:

Durch den Konkursantrag selbst erlischt bereits die Rechtsfähigkeit. Die Veröffentlichung im „Bundesanzeiger" ist der letzte Schritt einer Kapitalgesellschaft zur juristischen Person. „i. G." bedeutet „in Gründung", also ist das Unternehmen noch nicht endgültig gegründet, sondern im Gründungsprozeß, also noch nicht rechtsfähig. Vereine, die weniger als drei Mitglieder haben, verlieren ihre Rechtsfähigkeit auf Antrag des Vorstandes oder von Amts wegen. Bei fünf Mitgliedern besitzt der Verein also noch seine Rechtsfähigkeit. Petra Dienst ist mit 17 Jahren zwar noch nicht voll geschäftsfähig, aber bereits seit 17 Jahren rechtsfähig.

Antwort 2

Lösung: a), b), e)

Bedenken Sie:

Beschränkt Geschäftsfähige dürfen nur Willenserklärungen abgeben, die ihnen rechtliche Vorteile bringen bzw. die von ihrem Taschengeld erfüllt werden können. Willenserklärungen, deren Folgen über das Taschengeld hinausgehen, oder Ratenzahlungen sind schwebend unwirksam. Die vorherige Einwilligung oder die nachträgliche Genehmigung der Eltern führt zur Wirksamkeit der Willenserklärungen.

Antwort 3

Lösung: b)

Bedenken Sie:

Eine Kündigung wird erst wirksam, wenn sie empfangen wird, sonst weiß der Gekündigte ja nichts von dem Vorgang. Ein Testament wird unmittelbar mit der Errichtung gültig. Darlehen und Schenkungen gehören zu den einseitig verpflichtenden Verträgen, während der Kaufvertrag sogar zu den zweiseitig verpflichtenden Verträgen gehört.

Antwort 4

Lösung: a), c), e)

Bedenken Sie:

Kaufverträge für Grundstücke und Gebäude sowie die Einträge in das Handelsregister bedürfen der öffentlichen Beglaubigung. Nur Pachtverträge von mehr als zwei Jahren müssen schriftlich abgeschlossen werden. Da Stella noch nicht geschäftsfähig ist, kann auch keine Formvorschrift greifen. Bürgschaften von Privatpersonen müssen immer schriftlich erfolgen, nur Vollkaufleute können sich mündlich verbürgen.

Antwort 5

Lösung: a), c), d)

Bedenken Sie:

Verträge mit Geschäftsunfähigen, z. B. der 6jährigen Stella, sind nichtig. Die CD-ROM kann aus eigenen Mitteln gekauft werden, deshalb ist dieses Rechtsgeschäft gültig. Ebenso ist der Kauf des Wagens gültig, auch wenn er mit Hilfe eines Kredits gekauft wird. Bei der Bestellung auf der Karnevalsveranstaltung handelt es sich mit Sicherheit um ein Scherzgeschäft. Der Kaufvertrag über einen geringen Grundstückspreis ist ein Scheingeschäft und damit ebenfalls nichtig.

Antwort 6

Lösung: a), c), e)

Bedenken Sie:

Beim Verkauf des Fernsehers liegt eindeutig ein Irrtum zugrunde. Die Drohung mit einem Mahnbescheid ist nicht widerrechtlich, denn es ist ein Rechtsmittel, außerdem ist eine Mahnung kein Rechtsgeschäft. Peter Trabant hat durch arglistige Täuschung einen anfechtbaren Vertrag abgeschlossen. Manfred Huber kann seine Wagengröße wählen, wie er möchte, das hat natürlich keine Auswirkung auf die Wirksamkeit. Manfred Schlaf kann mit der Begründung „Irrtum in der Übermittlung" auf den Besuch der Oper verzichten. Hier zeigt sich aber der Sinn der rechtlichen Regelung zur Anfechtbarkeit: Manfred Schlaf kann, wenn er möchte, die Anfechtung unterlassen und damit einen wirksamen Kaufvertrag über zwei Opernkarten abschließen.

Antwort 7

Lösung: c), e)

Bedenken Sie:

a) Sandra bleibt Eigentümerin, Linda wird Besitzerin, sie hat die tatsächliche, körperliche Herrschaft über Sandras Eigentum. b) Linda wird durch Kauf und Übernahme gleichzeitig Eigentümerin und Besitzerin. d) An gefundenem und gestohlenem Gut kann man kein Eigentum erwerben, deshalb ist Sandra nur Besitzerin.

Antwort 8

Lösung: d)

Bedenken Sie:

Ein Angebot und eine Bestellung, auch wenn sie jeweils unaufgefordert kommen, sind der erste Schritt zu einem Kaufvertrag. Ebenso gilt die unaufgeforderte Zusendung einer Ware als Antrag zum Abschluß eines Kaufvertrages. Nur die Anfrage ist in ihrer rechtlichen Wirkung völlig unverbindlich. Achtung: Wenn Manfred Huber als Privatperson unaufgefordert Ware erhält, dann kann er sie benutzen, muß sie dann aber auch bezahlen. Wenn er sie nicht benutzen will, braucht er sie nicht zurückzuschicken, er muß sie jedoch wie eigene Sachen aufbewahren.

Antwort 9

Lösung: b), c), e)

Bedenken Sie:

Sie haben hoffentlich bei der Fragestellung darauf geachtet, daß nach den Verpflichtungen des Verkäufers gefragt wurde, denn bei a) und d) handelt es sich um Verpflichtungen des Käufers.

Antwort 10

Lösung: c)

Bedenken Sie:

a) ist Kauf auf Abruf, b) ist Spezifikationskauf, c) ist Kauf auf Probe, d) ist Kauf zur Probe, e) ist Kauf nach Probe.

2. Gründung eines Unternehmens

Antwort 11

Lösung: a), c)

Bedenken Sie:

Banken, Heilpraktiker und Ärzte müssen sich ebenso einem mehr oder weniger ausführlichen Sachkundenachweis unterziehen wie Gaststättenpächter, Versicherungen, gewerblicher Güterverkehr, Arzneimittelhandel und Rechtsanwälte. In allen Fällen soll die Allgemeinheit vor Gefahren geschützt werden, die durch die Ausübung des Berufes entstehen können.

Antwort 12

Lösung: a), e)

Bedenken Sie:

Die Daimler-Benz AG, ein großer, traditionsreicher deutscher Automobilhersteller, hat in Frankreich ein neues Werk gebaut. Hier wurden vom Unternehmen die günstigen Kosten für die Arbeitskräfte und der Absatzmarkt als Gründe für die Standortwahl genannt. Tradition spielt bei großen Unternehmen in der modernen Wirtschaft eine immer geringere Rolle bei der Standortwahl, und dem Zufall überläßt ein Unternehmen, dessen Kosten stark durch den Standort beeinflußt werden können, die Auswahl bestimmt nicht. Die Materialorientierung spielte bei der Entscheidung der Daimler-Benz AG keine Rolle, denn das Material muß nach Deutschland wie nach Frankreich geschafft werden.

Antwort 13

Lösung: a), c), e)

Bedenken Sie:

Wetter und Klima werden sicherlich bei der Standortwahl der deutschen Industrie eine relativ untergeordnete Rolle spielen. Die Mitgliedschaft bei der IHK hat keinerlei Einfluß auf die Höhe des Kapitalbedarfs. Natürlich haben die Art des Unternehmens (die Branche) sowie die technische Ausrüstung (z. B. teure oder preiswerte Maschinen) und die Geschwindigkeit des Lagerumschlages einen großen Einfluß auf den Finanzbedarf.

Antwort 14

Lösung: b), c), d)

Bedenken Sie:

a) und e) gelten als Eigenkapital, das von den Gesellschaftern eingezahlt wird. Lieferantenkredite (z. B. durch längere Zahlungsziele) sowie kurz- und langfristige Darlehen zählen zum Fremdkapital.

Antwort 15

Lösung: c)

Bedenken Sie:

a) ist die Liquidität 1. Grades, b) ist die Liquidität 2. Grades, c) ist die Liquidität 3. Grades, d) und e) führen zu keinen sinnvollen Kennziffern.

Antwort 16

Lösung: a), d), e)

Bedenken Sie:

Natürlich müssen betriebliche Investitionen sinnvoll und wirtschaftlich sein sowie im betrieblichen Zusammenhang gesehen werden, das gilt selbstverständlich für Unternehmen jeglicher Größenordnungen. Kurzfristige Entscheidungen führen oft zu unwirtschaftlichen Lösungen, deshalb ist auch eine möglichst langfristige Planung von Ersatz- und Neuinvestitionen notwendig.

Antwort 17

Lösung: b)

Bedenken Sie:

Der Vollkaufmann darf im Gegensatz zum Minderkaufmann eine Firma, d. h. einen sich vom Familiennamen unterscheidenden Begriff, zur Beschreibung des Unternehmens führen.

Antwort 18

Lösung: 3, 5, 1, 2, 4

Bedenken Sie:

Eine Aktiengesellschaft als juristische Person hat eine eigene Rechtspersönlichkeit, also ist die AG der Kaufmann, der Vorstand spricht nur für den Kaufmann, er ist also nur der „Vertreter" des Kaufmanns und hat keine eigene Kaufmannseigenschaft.

Antwort 19

Lösung: d)

Bedenken Sie:

Ausschließlich d) ist richtig, alles andere ist eindeutig falsch. Wenn Sie nicht die richtige Lösung angekreuzt haben, lesen Sie unbedingt noch einmal den § 17 im HGB durch!

Antwort 20

Lösung: d)

Bedenken Sie:

Es ist tatsächlich nur d) richtig, alles andere sind keine korrekten Definitionen, sondern Aussagen, die sich mehr oder weniger deutlich von den tatsächlichen Grundsätzen unterscheiden. Wenn Sie eine fehlerhafte Lösung haben, arbeiten Sie die entsprechenden Paragraphen unbedingt noch einmal durch!

Antwort 21

Lösung: a)

Bedenken Sie:

Nur die Süddeutsche Zuckerwerke AG ist eine reine Sachfirma. Optische Werke R. C. Kister AG ist ebenso eine Mischung aus Sach- und Personenfirma wie Gebr. Herbst Porzellanwerke KG. Bei Daimler-Benz dürfte es bekannt sein, daß es sich um Personennamen handelt.

Antwort 22

Lösung: c)

Bedenken Sie:

Die BGB-Gesellschaft wird nicht ins Handelsregister eingetragen, GmbH, AG und KGaA sind Kapitalgesellschaften, die in die Abteilung B des Handelsregisters eingetragen werden. Stiftungen und Genossenschaften haben übrigens eigene Register!

Antwort 23

Lösung: d)

Bedenken Sie:

Das Handelsregister soll ebenso wie das Genossenschafts- und das Stiftungsregister die Öffentlichkeit über alle wesentlichen Gegebenheiten des Unternehmens informieren, insbesondere die Geschäftspartner haben ein Interesse daran. Deshalb werden die Eintragungen z. B. im Bundesanzeiger und im jeweiligen Amtsblatt veröffentlicht. Aus diesem Grunde kann jeder Einsicht in das Handelsregister nehmen, man kann sich auch gegen Erstattung der Kosten sogar Kopien der Eintragungen anfertigen lassen.

Antwort 24

Lösung: a), c), e)

Bedenken Sie:

Auf jeden Fall gehören Gewerbeamt, Finanzamt und das Handelsregister dazu. Beim Gewerbeamt erfährt die Gemeinde von der Existenz des Unternehmens und kann prüfen, ob die Gewerbeordnungen beachtet werden, z. B. Feuerschutz, Emissionen usw. Das Finanzamt muß wegen der Steuerzahlungen unterrichtet werden. Das Handelsregister wegen der Öffentlichkeit, die unterrichtet werden muß. Dem Arbeitgeberverband muß ein Unternehmen nicht beitreten, ebenfalls freiwillig ist ein Beitritt zu einem der örtlichen Gewerbevereine, die oft die Interessen der Unternehmen gegenüber der Gemeinde vertreten.

3. Rechtsformen der Unternehmen

Antwort 25

Lösung: b), c), e)

Bedenken Sie:

Die Vorteile des Einzelunternehmers liegen tatsächlich in der freien Entscheidungsmöglichkeit, die ihm auch ein schnelles Reagieren auf Marktsituationen ermöglicht. Aber sonst hat das Einzelunternehmen eher Probleme, insbesondere was die Kapitalausstattung und die damit verbundene Kreditgewährung angeht. Auch die Nachfolgeregelung ist tatsächlich für viele Einzelunternehmer ein Problem.

Antwort 26

Lösung: a), c), e)

Bedenken Sie:

Mehr Freizeit, wie in b) und d) angesprochen, kann kein entscheidender Grund sein, Mitgesellschafter zu suchen. Oft werden kapitalkräftige Gesellschafter gesucht, um die notwendige Kapitalbasis zu verbreitern, es kommt auch vor, daß z. B. ein Techniker einen Kaufmann zur Zusammenarbeit sucht und damit die fachliche Basis verbreitern möchte.

Antwort 27

Lösung: b)

Bedenken Sie:

Der Sinn der OHG ist ja die Haftung der Gesellschafter mit ihrem Privatvermögen. Bei den Kapitalgesellschaften ist die Haftung der Gesellschafter begrenzt, bei der OHG ist die Haftung der Gesellschafter deshalb unbegrenzt.

Antwort 28

Lösung: b)

Bedenken Sie:

Der Sinn einer OHG liegt ja in der persönlichen Haftung jedes Gesellschafters, darauf soll sich auch jeder Gläubiger verlassen können. Aus diesem Grunde ist jeglicher Haftungsausschluß nach außen hin ausgeschlossen. Nur im Innenverhältnis kann eine gesonderte Regelung vereinbart werden.

Antwort 29

Lösung: c)

Bedenken Sie:

Es wäre bedenklich, wenn ein Gesellschafter nur aus einer OHG auszuscheiden braucht, um sich von der Haftung befreien zu lassen, ebenso bedenklich wäre eine lebenslange Haftung für die Schulden der OHG. Der Gesetzgeber hat mit 5 Jahren Haftung nach dem Ausscheiden einen gesunden Mittelweg gefunden.

Antwort 30

Lösung: c)

Bedenken Sie:

Falls Sie nicht die richtige Lösung haben, müssen Sie unbedingt den Merksatz auswendig lernen: Alle Gesellschafter einer OHG haften den Gesellschaftsgläubigern gegenüber unbeschränkt, unmittelbar und solidarisch. Das bedeutet, daß jeder Gesellschafter für jede Schuld der Gesellschaft in jeder Höhe und direkt herangezogen werden kann.

Antwort 31

Lösung: a), b), d)

Bedenken Sie:

Mit den drei richtigen Anworten haben Sie schon fast alle wesentlichen Gesichtspunkte einer OHG erfaßt. Bei c) haben Sie sich hoffentlich nicht durch den Begriff Firma irritieren lassen!

Antwort 32

Lösung: d), e)

Bedenken Sie:

Lassen Sie sich nicht irritieren! a) Das Wettbewerbsverbot gilt nur für Geschäfte innerhalb des entsprechenden Handelszweiges! b) Geschäftsführungsbefugnis gilt nach innen, nach außen ist es die Vertretungsbefugnis! c) 4 % ist zwar richtig, aber damit ist die Verzinsung des Kapitals, nicht der Gewinn gemeint!

Antwort 33

Lösung: d)

Bedenken Sie:

Die KG ähnelt in ihren Rechten und Pflichten für die Vollhafter sehr stark der OHG. Die Kommanditisten sind Geldgeber, die keinen Anspruch auf Geschäftsführung haben, sie steht nur den Komplementären zu.

Antwort 34

Lösung: a), b)

Bedenken Sie:

Geschäftsführung nach innen, Vertretung nach außen sind wesentliche Merkmale der Vollhafter bei der KG. Ebenso ist das Mitspracherecht bei wichtigen Angelegenheiten festgelegt, insbesondere dann, wenn ein Komplementär z. B. nicht an der Geschäftsführung beteiligt ist. Verzinsung und Gewinnanteil betreffen Komplementäre und Kommanditisten, die Haftung mit dem Kapitalanteil betrifft sogar nur die Kommanditisten.

Antwort 35

Lösung: c)

Bedenken Sie:

Tatsächlich ist nur diese eine Möglichkeit richtig! Jutta Groß darf als Kommanditistin nicht im Namen des Unternehmens erscheinen, damit fallen die Lösungen a), d) und e) weg. Lösung b) entfällt, weil Schneider hier keinen Hinweis auf die Gesellschaft bietet.

Antwort 36

Lösung: b), c), d)

Bedenken Sie:

Das Recht auf Geschäftsführung sowie das Recht, den eigenen Familiennamen als Bestandteil der Firma zu führen, steht ausschließlich dem Komplementär (Vollhafter) zu. Dagegen kann der Teilhafter (Kommanditist) einen angemessenen Gewinnanteil fordern, er kann sein Kontrollrecht gegenüber der Gesellschaft ausüben und natürlich seinen Gesellschaftsanteil kündigen.

Antwort 37

Lösung: a) 3, b) 1, c) 1, d) 9, e) 2

Bedenken Sie:

Der Betrieb eines Handelsgewerbes ist natürlich für beide Gesellschaften notwendig. Eine unbeschränkte Haftung der Gesellschafter betrifft genauso die Gesellschafter der OHG wie die Vollhafter der KG. Eine gemeinsame Firma ist natürlich mit Teilhaftern der KG nicht möglich. Eine Gewinnverteilung nach Köpfen ist gesetzlich nicht festgelegt, das Gesetz steht aber einer vertraglichen Vereinbarung in dieser Form nicht entgegen. Natürlich haben die Kommanditisten keinen Anspruch auf Geschäftsführung bei der KG.

Antwort 38

Lösung: b)

Bedenken Sie:

GmbH und Aktiengesellschaft zählen zu den Kapitalgesellschaften, ein Einzelunternehmen ist natürlich keine Gesellschaft, kann also auch keine Gesellschaftsform darstellen, und die Genossenschaft gehört zu den sonstigen Gesellschaften. Die GmbH & Co. KG gehört zu den Personengesellschaften, dabei hat wenigstens einer der Vollhafter die Rechtsform einer GmbH.

Antwort 39

Lösung: a)

Bedenken Sie:

Eine Nachschußpflicht kann vertraglich zwischen den Gesellschaftern vereinbart werden, zwar dient das nachgeschossene Geld nur mittelbar zur Sicherung der Gläubiger, aber es wird mit in die Haftungssumme einbezogen. Eine weitergehende Haftung der Gesellschafter oder der Geschäftsführer ist ausgeschlossen. Antwort c) sollte in die Irre führen, denn das Vermögen der Gesellschaft, nicht das meist erheblich niedrigere Stammkapital, haftet für die Verbindlichkeiten der Gesellschaft.

Antwort 40

Lösung: e)

Bedenken Sie:

Es ist nicht zumutbar, daß jeder Gesellschafter die Vertretung einer GmbH übernimmt, dazu gibt es die angestellten Geschäftsführer, die aber auch gleichzeitig Gesellschafter sein können. Die Gewinnverteilung und das Stimmrecht richten sich nach den Kapitalanteilen – falls vertraglich nichts anderes vereinbart ist.

Antwort 41

Lösung: d)

Bedenken Sie:

Die GmbH-Anteile können nicht an der Börse gehandelt werden, allein deshalb sind sie schon schwieriger zu verkaufen als Aktien. Nur bei der Gründung einer GmbH übernimmt ein Gesellschafter immer nur einen Anteil (der aber bei mehreren Gesellschaftern unterschiedlich hoch sein kann), später können durchaus andere, weitere Anteile übernommen werden. Die Gewinnverteilung erfolgt im Gegensatz zu den Personengesellschaften, bei denen die „Kopf-Regelung" Vorrang hat, im Verhältnis des Kapitalanteils. Die Stammeinlage muß vor der Eintragung der Gesellschaft ins Handelsregister wenigstens zu 25 % (mindestens aber 25.000 DM) eingezahlt sein.

Antwort 42

Lösung: d)

Bedenken Sie:

Falls Sie falsch geantwortet haben, hier noch einmal die Fakten zum Nachlesen: 500 DM ist der Mindestbetrag für eine einzelne Stammeinlage; 25.000 DM müssen bei einer GmbH mindestens eingezahlt werden; 20.000 DM ist der frühere Mindestbetrag für das Stammkapital einer GmbH; 100.000 DM gilt nur als Mindestgrenze für die Aktiengesellschaft; und nur bei den Personengesellschaften gibt es keine Mindestgrenze!

Antwort 43

Lösung: a), e)

Bedenken Sie:

Aussage b): Es ist auch die Gründung einer Ein-Mann GmbH möglich; die Aussage c) trifft nur auf Personengesellschaften zu; die Aussage d) betrifft ausschließlich Aktien. Nur die Aussagen a) und e) treffen auf die GmbH zu.

Antwort 44

Lösung: a), c)

Bedenken Sie:

Erinnern Sie sich noch? Aufsichtsrat, Vorstand und Hauptversammlung gibt es bei der Aktiengesellschaft; Geschäftsführung und Gesellschafter-Versammlung heißt es bei der GmbH!

Antwort 45

Lösung: a), c), e)

Bedenken Sie:

Die Wahl des Aufsichtsrates muß nur in Unternehmen ab 500 Mitarbeitern erfolgen. Sie werden hoffentlich nicht in diese leicht zu durchschauende Falle getappt sein? Der Betriebsrat wird mit Sicherheit nicht von den Gesellschaftern ernannt!

Antwort 46

Lösung: a), c), d), e)

Bedenken Sie:

Die Antwort b) trifft nur für die Gesellschafter der OHG bzw. für die Vollhafter bei der KG zu, alle anderen Aussagen betreffen tatsächlich die GmbH.

Antwort 47

Lösung: b)

Bedenken Sie:

Ausschließlich der Vorstand leitet die Geschäfte der AG und vertritt das Unternehmen nach außen hin. Der Aufsichtsrat ernennt zwar den Vorstand, die Entlastung wird aber von der Hauptversammlung vorgenommen. Der Begriff „Generaldirektor" ist im deutschen Recht nicht vorgesehen, sondern nur ein Titel, der innerhalb von Unternehmen vergeben wird. Die Wahl der Abschlußprüfer wiederum ist Aufgabe der Hauptversammlung, in deren Interesse ja die Geschäftstätigkeit des Vorstandes geprüft wird.

Antwort 48

Lösung: c)

Bedenken Sie:

Die meisten der genannten Aufgaben waren Aufgaben der Hauptversammlung einer AG: Der Aufsichtsrat wird durch die Hauptversammlung gewählt; der Beschluß über die Verwendung des Gewinns erfolgt durch die Hauptversammlung, der Vorschlag über die Gewinnverwendung kommt allerdings vom Vorstand; der Aufsichtsrat wird durch die Hauptversammlung und nicht durch den Vorstand entlastet, denn sonst würde die Kontrolle nicht mehr funktionieren; Beschlüsse über Satzungsänderungen der AG können nur die Eigentümer fällen, und dies geschieht in der Hauptversammlung.

Antwort 49

Lösung: c), d)

Bedenken Sie:

Für Geschäftsführung und Vertretung ist der Vorstand zuständig, der wiederum wird vom Aufsichtsrat bestimmt und kontrolliert. Die Hauptversammlung muß allerdings die Mitglieder des Aufsichtsrates wählen, die die Anteilseigner vertreten, außerdem wählt die Hauptversammlung die Abschlußprüfer und die Prüfer für Sonderprüfungen.

Antwort 50

Lösung: a)

Bedenken Sie:

Falls Sie eine andere Lösung gewählt haben, dann müssen Sie unbedingt das Lehrbuch zum Kapitel Gründung einer AG durcharbeiten! 7 Personen werden bei einem Verein benötigt, 1 Person reicht nur für die Gründung einer GmbH; bei der AG ist es außerdem völlig gleichgültig, ob die Gründer eine natürliche oder eine juristische Person sind!

Antwort 51

Lösung: e)

Bedenken Sie:

Die Hauptversammlung wählt die AR-Vertreter der Anteilseigner, die Arbeitnehmer wählen die AR-Vertreter der Arbeitnehmer. Bei Unternehmen mit nicht mehr als 2.000 Arbeitnehmern in Verhältnis 2 zu 1, darüber hinaus paritätisch.

Antwort 52

Lösung: d)

Bedenken Sie:

20.000 DM war einmal das Stammkapital der GmbH, heute beträgt es 50.000 DM; 25.000 DM müssen wenigstens bei einer GmbH eingezahlt werden. Die Höhe des gesetzlich vorgeschriebenen Mindestkapitals ist nicht durch eine wie auch immer geartete Mehrheit abzuschaffen.

Antwort 53

Lösung: b)

Bedenken Sie:

Das Grundkapital ist der Teil des Eigenkapitals, der sich aus dem Nennwert sämtlicher Aktien ergibt. Er ist in der Bilanz als „gezeichnetes Kapital" auszuweisen.

Antwort 54

Lösung: c), d)

Bedenken Sie:

Neue Aktien dürfen nicht unter dem Nennwert ausgegeben werden. In der Regel werden sie über dem Nennwert, über pari, also mit Aufgeld (Agio) verkauft. Das Aufgeld muß in die Kapitalrücklage eingestellt werden.

Antwort 55

Lösung: e)

Bedenken Sie:

Laut § 8 AktG sind Aktien Urkunden über die Beteiligung an einer Aktiengesellschaft. Vorstand und Aufsichtsrat benötigen keine Urkunden, um sich gegenseitig zu erkennen!

Antwort 56

Lösung: a), c), e)

Bedenken Sie:

In Deutschland sind bei Aktiengesellschaften natürlich Bar- und Sachgründungen erlaubt. Die Art der Gründung muß dabei bereits in der Satzung festgehalten werden.

Antwort 57

Lösung: c)

Bedenken Sie:

Die BGB-Gesellschaft (Gesellschaft bürgerlichen Rechts) ist die Gesellschaftsform in der Gründungsphase der Aktiengesellschaft. Dies geht ohne gesonderte Gründung vonstatten, da der Gesetzgeber gerade diese Gesellschaftsform sehr problemlos und für kurzfristige Übergänge (z. B. Gründungsphase) ermöglicht hat.

Antwort 58

Lösung: a), b), e)

Bedenken Sie:

Eine Aktiengesellschaft hat drei Organe: den Vorstand, der das Unternehmen leitet, den Aufsichtsrat, der die Geschäftsführung des Vorstandes überwacht, und die Hauptversammlung, in der die Aktionäre ihre Interessen vertreten.

Antwort 59

Lösung: b), d)

Bedenken Sie:

Hoffentlich haben Sie sich nicht irritieren lassen! Sie sollten die falschen Aussagen erkennen, nicht die richtigen! Ein Aktionär hat in dieser Funktion keinerlei Mitspracherecht bei der Wahl des Betriebsrates. Aus einer früheren Frage wissen Sie bereits, daß das Agio in die Kapitalrücklage eingestellt werden muß!

Antwort 60

Lösung: a)

Bedenken Sie:

Banken kennen ein Unternehmen in den meisten Fällen besser als alle anderen genannten Gruppierungen, in diesem Fall wäre also ein gesonderter Schutz im Aktienrecht nicht vorzusehen. Allerdings kommen hier andere Gesetze zum Tragen.

Antwort 61

Lösung: c), d)

Bedenken Sie:

Daß e) nicht in Frage kommt, haben Sie hoffentlich schnell gemerkt. Auch die Aussagen a) und b) dürften Ihnen nach dem Durcharbeiten des Lehrbuches mehr als merkwürdig vorgekommen sein. Bei der GmbH & Co. KG könnte es durchaus vorkommen, daß nur einer der Komplementäre eine GmbH ist, die auch noch genannt wird, es ist aber eher unwahrscheinlich.

Antwort 62

Lösung: a) 3, b) 4, c) 2, d) 1

Bedenken Sie:

Die Aussagen sind so eindeutig, daß es keiner weitergehenden Erklärung bedarf, andernfalls müssen Sie sich wirklich noch einmal das Kapitel „Firma" in Ihrem Lehrbuch anschauen.

4. Beschaffung und Lagerhaltung

4.1 Beschaffung

Antwort 63

Lösung: e)

Bedenken Sie:

Bei den Antworten a) bis d) haben Sie zwar Kaufvertragsarten benannt, aber nicht die richtige Lösung! Grundsätzlich muß auch der Lieferant langfristig disponieren, aus diesem Grunde werden zum Vorteil für beide Seiten langfristige Lieferverträge abgeschlossen.

Antwort 64

Lösung: b)

Bedenken Sie:

Natürlich bildet der Einkaufspreis die Basis der Kalkulation. Wenn der Verkaufspreis dem Marktpreis entspricht, kann man den Gewinn nur dann erhöhen, wenn günstiger eingekauft wird.

Antwort 65

Lösung: a)

Bedenken Sie:

Nur a) wird beim Lieferanten erledigt, alle andere Lösungen gehören tatsächlich in den meisten Unternehmen zu den Aufgaben des Einkaufs.

Antwort 66

Lösung: b), d)

Bedenken Sie:

Die Lösungen b) und d) gehören zum Bereich des eigentlichen Bestellvorgangs. Alle anderen Lösungen sind tatsächlich richtig!

Antwort 67

Lösung: d), e)

Bedenken Sie:

Antwort a) ist natürlich unsinnig. Eine Nachkalkulation sollte regelmäßig und nicht nur ab und zu vorgenommen werden. Bei starker Rohstoffabhängigkeit ist die Beachtung der entsprechenden Börsenkurse wichtig. Es ist gerade bei schwankenden Preisen notwendig, Angebote einzuholen und sie zu vergleichen sowie die Einkaufskalkulation zu prüfen, damit die geplanten Spannen auch realisiert werden können.

Antwort 68

Lösung: d)

Bedenken Sie:

Natürlich hat eine Anfrage keine rechtliche Wirkung für die Beteiligten, weder für den Anfragenden noch für den Angefragten. Das angefragte Unternehmen wird zwar im Interesse des Umsatzes ein Angebot abgeben, aber es gibt dazu keine rechtliche Verpflichtung. Auch das anfragende Unternehmen kann man zu nichts verpflichten, denn es geht ja bei einer Anfrage gerade darum, den optimalen Lieferanten herauszufinden – und dazu muß man vergleichen.

Antwort 69

Lösung: a)

Bedenken Sie:

Je nach Formulierung der „Freizeichnungsklausel" ist der Lieferant entweder gar nicht oder nur teilweise nicht an sein Angebot gebunden. „Liefertermin freibleibend" bedeutet z. B., daß der Lieferant sich nicht an den Liefertermin gebunden fühlen muß, alle anderen Teile des Angebotes aber verbindlich sind. „Preisänderung vorbehalten" bedeutet wiederum, daß außer dem Preis alle anderen Punkte des Angebotes verbindlich sind. Solche Einschränkungen können z. B. vorgenommen werden, wenn Probleme bei seiner eigenen Belieferung entstehen, sie können aber auch durch zu erwartende interne Verzögerungen möglich sein.

Antwort 70

Lösung: c)

Bedenken Sie:

Der Anfragende will durch verbindliche Angebote erreichen, daß er vergleichen kann, deshalb ist ein Angebot grundsätzlich verbindlich und nicht zu widerrufen. Andererseits muß der Anbietende die Möglichkeit haben, Fehler zu korrigieren. Der Interessenausgleich sieht vor, daß spätestens mit dem Eintreffen des Angebotes auch der Widerruf (notfalls telefonisch) beim Anfragenden eintrifft.

Antwort 71

Lösung: b), c), e)

Bedenken Sie:

Art, Güte, Qualität und Preis der Ware gehören auf jeden Fall in das Angebot. Auch wenn es eine gesetzliche Regelung für die Übernahme der Transport- und Verpackungskosten gibt, hilft es, sich in dem Angebot zurechtzufinden. Natürlich haben Sie erkannt, daß der Frachtführer und die Reklamationsabteilung auf dem Angebot nichts zu suchen haben.

Antwort 72

Lösung: e)

Bedenken Sie:

Natürlich haben Sie erkannt, daß als gesetzliche Regelung nur die Lösung e) richtig ist! Allerdings kann der Anbietende auch jede andere Möglichkeit festlegen.

Antwort 73

Lösung: d)

Bedenken Sie:

Es wäre zwar denkbar, daß Lösung e) bei dem einen oder anderen Unternehmen zum Tragen kommt, aber im Normalfall wird das nicht vorkommen. Wenn Sie aber an den Bereich Computer-Hardware denken, fällt Ihnen sicherlich die Lösung d) sofort ein!

Antwort 74

Lösung: d)

Bedenken Sie:

Die Lösung ist vergleichbar mit dem Widerruf eines Angebotes, nämlich bis zum Eintreffen der Bestellung beim Lieferanten, danach ist der Widerruf nur noch auf dem Kulanzwege möglich.

Antwort 75

Lösung: b)

Bedenken Sie:

Lassen Sie sich nicht durch Ausdrücke wie „time lag" verwirren, die dem englischen Sprachraum entstammen. Lieferzeit ist die Zeitspanne, die ein Lieferant nun mal benötigt, um die Ware nach dem Bestelleingang bis zum Kunden zu schaffen.

Antwort 76

Lösung: a)

Bedenken Sie:

Natürlich muß der Empfänger die Anschrift auf der Ware, die Anzahl der Versandstücke, die äußere Verpackung bzw. die unverpackte Ware auf erkennbare Mängel hin prüfen. Die anderen Angaben gehören zu anderen Kontrollen.

Antwort 77

Lösung: e)

Bedenken Sie:

Sie haben sich nicht irritieren lassen, nur Lösung e) ist richtig. Falls Sie eine andere Lösung gewählt haben, lesen Sie unbedingt das Kapitel „Warenannahme" in Ihrem Lehrbuch durch!

Antwort 78

Lösung: e)

Bedenken Sie:

Der Lieferschein bzw. eine Kopie des Lieferscheins ist das Dokument, mit dem bei der Warenannahme verglichen wird, ob die richtige Sendung eingetroffen ist.

Antwort 79

Lösung: b)

Bedenken Sie:

Wenn die Verpackung beschädigt ist, muß ja nicht auch gleich die Ware beschädigt sein. Andererseits kann ein Grund für die Beschädigung der Ware in der mangelhaften Verpackung liegen oder in der Unachtsamkeit des Frachtführers. Auf jeden Fall muß eine beschädigte Verpackung dokumentiert werden, nur so wird die Beweisfähigkeit gesichert. Wenn Sie Antwort e) ernsthaft in Erwägung gezogen haben, dann arbeiten Sie unbedingt in Ihrem Lehrbuch das Kapitel über „Warenannahme" durch.

Antwort 80

Lösung: c)

Bedenken Sie:

Natürlich prüft Tanja Kister die sachliche Richtigkeit. Der Lieferschein wird mit der Bestellung verglichen, bei einer Übereinstimmung wird dann die Rechnung mit dem Lieferschein verglichen. Abweichungen können Hinweise für eine Mängelrüge sein.

Antwort 81

Lösung: d)

Bedenken Sie:

Eine Rechnung, die in der Buchhaltung bearbeitet werden soll, muß auf jeden Fall sachlich und rechnerisch in Ordnung sein. Erst bei der Aufbereitung zur Zahlung wird Skonto (falls vereinbart) abgezogen.

Antwort 82

Lösung: c)

Bedenken Sie:

Ausschließlich die Lieferscheine sind bei der Warenannahme mit der erhaltenen Sendung überprüft worden, deshalb wird auch nur der Lieferschein die richtige Buchungsunterlage für das Lager sein können.

4.2 Störungen des Kaufvertrages

Antwort 83

Lösung: d)

Bedenken Sie:

Natürlich wußten Sie die richtige Lösung. Die anderen Begriffe stammen aus anderen Bereichen der BWL.

Antwort 84

Lösung: e)

Bedenken Sie:

Beim Fixgeschäft wird natürlich der genaue Termin der Lieferung fixiert (festgelegt), dabei kann der Termin je nach Vereinbarung eine bestimmte Lieferwoche, einen bestimmten Tag oder sogar eine bestimmte Uhrzeit umfassen.

Antwort 85

Lösung: c)

Bedenken Sie:

Natürlich ist c) richtig. Wenn Sie das Kapitel „Mängelrüge" im Lehrbuch durchgearbeitet haben, dann sind Sie sicherlich problemlos auf die richtige Lösung gekommen.

Antwort 86

Lösung: e)

Bedenken Sie:

Die Lösung d) gehört zum „bürgerlichen Kauf" oder zum „einseitigen Handelskauf", dabei muß innerhalb von 6 Monaten gerügt werden. Der Kaufmann muß beim „Handelskauf" sofort nach Entdeckung die Mängel an der erhaltenen Ware rügen.

Antwort 87

Lösung: b)

Bedenken Sie:

Die Jazor Elektro GmbH wird eine angemessene Minderung des Kaufpreises verlangen. Hier noch einmal die Paragraphen zum Nachlesen: Bei a) gilt § 480 BGB; bei b) gilt § 462 BGB, bei c) gilt § 463 BGB und bei d) gilt § 462 BGB.

Antwort 88

Lösung: d)

Bedenken Sie:

Falls Sie nicht nachgelesen haben: § 271,1 BGB besagt: „Ist eine Zeit für die Leistung weder bestimmt noch aus den Umständen zu entnehmen, so kann der Gläubiger die Leistung sofort verlangen, der Schuldner sie sofort bewirken."

4.3 Lagerhaltung

Antwort 89

Lösung: a)

Bedenken Sie:

Überfällige Lieferungen mahnt die Einkaufsabteilung an, denn nur dort ist die Kontrollmöglichkeit vorhanden. Alle anderen Tätigkeiten werden sinnvollerweise durch die Lagerverwaltung durchgeführt.

Antwort 90

Lösung: b)

Bedenken Sie:

Der durchschnittliche Lagerbestand ist natürlich der Bestand, den ein Lager im Durchschnitt einer Geschäftsperiode enthält.

Antwort 91

Lösung: e)

Bedenken Sie:

Die Definition, die in Ihrem Lehrbuch ähnlich stehen wird, lautet: „Der Mindestbestand („Eiserne Reserve") ist der Bestand, der dauernd am Lager sein muß, um bei unvorhergesehenen Fällen eine reibungslose Abwicklung des Betriebes zu sichern. Er darf ohne ausdrückliche Anordnung der Betriebsleitung nicht unterschritten werden."

Antwort 92

Lösung: c)

Bedenken Sie:

Der Einkaufspreis und der Verkaufspreis der Stoffe und Handelswaren werden normalerweise nicht in der Lagerbuchführung festgehalten. Wenn Sie tatsächlich Lösung d) angegeben haben sollten, dann müssen Sie unbedingt das Kapitel „Lagerkontrolle" in Ihrem Lehrbuch durcharbeiten.

Antwort 93

Lösung: b)

Bedenken Sie:

Der Einkauf kann nur durch eine Bedarfsmeldung des Lagers erfahren, ob Stoffe oder Handelswaren neu bestellt werden müssen. Aus diesem Grund ist für jeden Stoff und für jede Handelsware ein eindeutiger Meldebestand festgelegt.

Antwort 94

Lösung: e)

Bedenken Sie:

Wenn ein Wareneingang auf der Lagerkarte nicht erfaßt wird, er aber körperlich in das Lager gebracht wird, dann muß der tatsächliche Ist-Bestand höher als der Bestand sein, der auf der Lagerkarte verkehrt geführt wird.

Antwort 95

Lösung: c)

Bedenken Sie:

Zu große Lagerbestände führen meist zu höheren Kosten, z. B. durch Schwund oder Verderb, das wiederum führt zu fallenden Gewinnen. Auf die anderen Antworten sollten Sie gar nicht erst eingegangen sein, denn sie sind mehr oder weniger unsinnig.

Antwort 96

Lösung: c)

Bedenken Sie:

Die Wahrscheinlichkeit, daß eine Verringerung des Lagerbestandes zu Lieferengpässen führen wird, ist sehr groß. Die anderen Aussagen sind eher unwahrscheinliche Folgen einer solchen Maßnahme.

Antwort 97

Lösung: b)

Bedenken Sie:

Sie müssen solche Formeln einfach auswendig lernen, damit Sie sie immer präsent haben. Erstellen Sie sich selbst eine kleine kaufmännische Formelsammlung, in die Sie solche Formeln eintragen, die Sie nur schwer behalten können.

Antwort 98

Lösung: b)

Bedenken Sie:

Da müssen Sie durch: Solche Formeln müssen einem auf Anhieb einfallen. Also – einfach auswendig lernen, damit Sie sie immer präsent haben. Wer Lösung e) gewählt hat, muß etwas härter lernen!

Antwort 99

Lösung: d)

Bedenken Sie:

Durch höheren Lagerumschlag sinken die Lagerkosten. Zur Information: Durch Steigerung des Lagerumschlags kann mit dem gleichen Kapital sogar trotz eines kleineren Stückgewinns ein höherer Gesamtgewinn erzielt werden.

Antwort 100

Lösung: d)

Bedenken Sie:

Der Fuhrpark für die Auslieferung hat nichts mit dem Lager zu tun, er wird eher dem Vertrieb zugeordnet. Wenn Sie alle anderen Antworten gut durchdacht haben, dann werden Sie eine Menge gelernt haben.

Antwort 101

Lösung: d)

Bedenken Sie:

Manche Formulare kamen Ihnen bekannt vor? Natürlich, ein Buchungsbeleg wird z. B. in der Finanzbuchhaltung benötigt, ein Lieferschein bei der Warenannahme und ein Materialentnahmeschein beim Lagerausgang.

Antwort 102

Lösung: e)

Bedenken Sie:

Bei a) bis d) haben Sie sich leider für die Vorteile des zentralen Einkaufs entschieden. Der dezentrale Einkauf hat tatsächlich aber die Nähe zu der bedarfsmeldenden Stelle als großen Vorteil!

5. Produktionswirtschaft

Antwort 103

Lösung: d)

Bedenken Sie:

Der Bereich der Materialwirtschaft hat üblicherweise die grundsätzliche Aufgabe der Lagerverwaltung übernommen. Alle anderen Aufgaben gehören zur Produktionswirtschaft.

Antwort 104

Lösung: b)

Bedenken Sie:

Natürlich sollen durch Ersatzinvestitionen nicht mehr wirtschaftlich arbeitende Maschinen und Geräte ersetzt werden. Die Finanzierung wird dadurch sicherlich nicht erleichtert, auch werden keine liquiden Mittel freigestellt. Ob die Produktion ergiebiger wird, hängt davon ab, ob die neuen Maschinen und Geräte leistungsstärker sind. Und ob wertvolle Materialien vernichtet werden, hängt davon ab, ob Recycling vorgenommen wird oder nicht.

Antwort 105

Lösung: a) = 4, b) = 2, c) = 1, d) = 3

Bedenken Sie:

Antwort e) werden Sie hoffentlich nicht ernsthaft in Betracht gezogen haben!

Antwort 106

Lösung: c)

Bedenken Sie:

Wenn Sie Lösung e) bevorzugt haben, müssen Sie auf jeden Fall das Lehrbuch noch einmal durcharbeiten. Nur die Menge von Zwischen- oder Fertigerzeugnissen, die zwischen zwei Maschinenumrüstungs-Vorgängen hintereinander auf einer Maschine hergestellt wird, wird mit den Begriffen „Serie" oder „Los" bezeichnet.

Antwort 107

Lösung: a) = 1, b) = 2

Bedenken Sie:

Die Ermittlung von Arten und Mengen von Produktionsfaktoren gehört zur Planung, die Bereitstellung muß bereits gelenkt werden.

Antwort 108

Lösung: c)

Bedenken Sie:

Beim Netzplan erfolgt die Darstellung des Reihenfolge- und Terminplans für die Ausführung eines bestimmten Projekts in einer grafischen Aufbereitung.

Antwort 109

Lösung: c)

Bedenken Sie:

Mit der Lösung a) haben Sie eine nur teilweise richtige Antwort gegeben, der Maschinenbelegungsplan alleine reicht sicherlich nicht aus. Durchlaufzeiten und innerbetriebliche Transportzeiten sind wesentliche Faktoren, auf die ein Fertigungsplan eingehen muß. Marktforschung und Geschäftsführer spielen dabei direkt keine Rolle.

Antwort 110

Lösung: c)

Bedenken Sie:

Nur die Fertigungssteuerung kann akute Engpässe feststellen und kurzfristig beseitigen. Arbeitsvorbereitung und Einkauf spielen dabei keine Rolle. Arbeitsvorbereitung und Terminplanung übernehmen „nur" vorbereitende Aufgaben.

Antwort 111

Lösung: c)

Bedenken Sie:

Die Massenfertigung hat eindeutig den geringsten Anteil an Fixkosten bei den Herstellungskosten.

Antwort 112

Lösung: c)

Bedenken Sie:

Antwort a) haben Sie hoffentlich direkt als unsinnig erkannt. Der sinnvolle Arbeitsablauf entsteht sicherlich nicht durch den Maschinenbelegungsplan. Auch die Abschreibungssätze werden nicht mit Hilfe dieses Plans vorgenommen. Die Anwesenheitszeiten der Mitarbeiter werden anders gemessen, es ist außerdem gar nicht gesagt, daß Mitarbeiter an den Maschinen arbeiten! So bleibt nur noch Antwort c) übrig.

Antwort 113

Lösung: a) = 2, b) = 1, c) = 2, d) = 1, e) = 2

Bedenken Sie:

Die Überprüfung, ob die Qualitätsanforderungen an das Produkt erfüllt sind, ist eine Aufgabe der Qualitätskontrolle. Das Ergreifen aller Maßnahmen, um die Ursachen von Qualitätsabweichungen festzustellen und für die Zukunft auszuschließen, das ist eindeutig die Aufgabe der Qualitätssicherung.

Antwort 114

Lösung: e)

Bedenken Sie:

Von den vorgegebenen Antworten trifft nur e) zu, allerdings werden Normen vom Deutschen Institut für Normung in Zusammenarbeit mit entsprechenden Fachverbänden herausgegeben.

Antwort 115

Lösung: a) = 3, b) = 4, c) = 2, e) = 1

Bedenken Sie:

Für die ortsfeste Kontrolle war keine andere Formulierung angegeben worden. Die anderen müßten Sie eigentlich relativ einfach zuordnen können, andernfalls muß das Lehrbuch wieder zur Hand genommen werden.

Antwort 116

Lösung: b)

Bedenken Sie:

Von den vorgegebenen Antworten kann nur b) richtig sein. Ergänzend sollte man wissen, daß Typen unterhalb der Normen angesiedelt sind, sie werden oft von Fachverbänden entwickelt, manchmal auch von einzelnen Großunternehmen.

Antwort 117

Lösung: c)

Bedenken Sie:

Bei den Arbeitsablaufstudien nach REFA werden aufgrund von Befragungen und Beobachtungen die einzelnen Arbeitsanforderungen festgestellt.

Antwort 118

Lösung: c), e)

Bedenken Sie:

Aber auch höchstens zwei Antwortvorschläge sollten Ihnen unsinnig vorkommen. Marktgerechte Kundenversorgung wird von Untersuchungen ganz anderer Art abhängen, dazu gibt es die Marktforschung. Und wenn ein Kunde sich beschwert, wird sicherlich nicht direkt eine Arbeitsstudie durchgeführt. Zum einen ist der Aufwand dafür zu hoch, zum anderen kann die Beschwerde des Kunden ganz andere Gründe haben.

6. Finanzierung / Kredit

Antwort 119

Lösung: a)

Bedenken Sie:

Die Regelung der Rückzahlungsmodalitäten ist sogar ein wesentlicher Bestandteil eines Kreditvertrages. Alle anderen Antworten sind richtig. Falls Sie die Frage falsch beantwortet haben, zeigt das deutlich, wie wichtig das Durcharbeiten dieses Themenkreises im Lehrbuch ist.

Antwort 120

Lösung: a)

Bedenken Sie:

Die Zinsen können als Betriebsausgaben gewinnmindernd abgesetzt werden. Alle anderen Aussagen sind mehr oder weniger unsinnig. Falls Sie wirklich b), c), d) oder e) gekennzeichnet haben sollten, müssen Sie unbedingt das Kapitel „Fremdfinanzierung" im Lehrbuch durcharbeiten.

Antwort 121

Lösung: a), d), e)

Bedenken Sie:

Der Einfluß der Banken wird nicht unbedingt stärker, auch kann man keine unliebsamen Gesellschafter ausschalten. Die anderen Antworten sind natürlich richtig.

Antwort 122

Lösung: a)

Bedenken Sie:

Antwortvorschlag a) ist eindeutig falsch. Die Unterteilung der Finanzierungsarten wird in Innen-, Außen-, Eigen- und Fremdfinanzierung vorgenommen. Die Selbstfinanzierung zählt dabei zur Eigenfinanzierung. Das Erarbeiten dieses Themas im Lehrbuch ist sicherlich sehr hilfreich.

Antwort 123

Lösung: d)

Bedenken Sie:

Ein Pfand, das man zur Sicherung eigener Forderungen einbehalten hat, darf man natürlich nicht nutzen. Antwort e) ist in diesem Zusammenhang natürlich ziemlich unsinnig, hoffentlich sind Sie nicht darauf reingefallen.

Antwort 124

Lösung: b)

Bedenken Sie:

Wahr ist, daß tatsächlich zwei verschiedene Verträge abgeschlossen werden. Falls Sie eine andere Antwort als richtig gekennzeichnet haben sollten, ist das ein Hinweis darauf, daß sie das Kapitel „Bürgschaft" im Lehrbuch gut durcharbeiten müssen.

Antwort 125

Lösung: a), c), e)

Bedenken Sie:

Der Factor-Kunde verkauft seine Forderung an den Factor. Der Factor verlangt termingerecht diese Forderung von dem Debitor. Der Begriff Kunde hat in diesem Zusammenhang keine Bedeutung.

Antwort 126

Lösung: a), d), e)

Bedenken Sie:

Natürlich findet bei Leasingverträgen eine Kreditprüfung statt! Und die Antwort c) werden Sie doch nicht ernsthaft in Erwägung gezogen haben?

Antwort 127

Lösung: a) = 2, b) = 1, c) = 6, d) = 3, e) = 6

Bedenken Sie:

Hier haben Sie den wesentlichen Überblick über das Thema „Kreditarten". Sie merken schon, das Durcharbeiten des Lehrbuches hilft bei der Beantwortung. Die selbstschuldnerische Bürgschaft wird grundsätzlich von Banken verlangt.

Antwort 128

Lösung: a), b), e)

Bedenken Sie:

Die Hilfestellung zur Aufgabe war eigentlich aussagekräftig genug, um Fehler zu vermeiden.

Antwort 129

Lösung: c), e)

Bedenken Sie:

Sie werden wissen, daß das Grundbuchamt beim Amtsgericht geführt wird. Die anderen Antworten waren nicht ganz so einfach. Wenn Sie eine falsche Antwort hatten, arbeiten Sie noch einmal das Kapitel „Grundschuld" im Lehrbuch durch.

Antwort 130

Lösung: d)

Bedenken Sie:

Schätzungen helfen zwar manchmal, aber wenn größere Investitionen geplant sind, ist die Schätzung des Kapitalbedarfs nicht zu akzeptieren. Alle anderen Antworten sind richtig, sie beschreiben Merkmale zur Bestimmung der Höhe des Kapitalbedarfs.

7. Absatzwirtschaft

Antwort 131

Lösung: c)

Bedenken Sie:

Bei einem Markenartikel existiert eine Verpackung, die den Produktnamen und den Hersteller meist sehr deutlich herausstellt. Weitere Merkmale sind z. B. die gleichbleibende Qualität des Produktes und der relativ stabile Marktpreis.

Antwort 132

Lösung: a) = 3, b) = 2, c) = 1, d) = 5, e) = 4

Bedenken Sie:

Solche Begriffsbestimmungen müssen sitzen. Auch in mündlichen Prüfungen wird oft nach solchen Definitionen gefragt.

Antwort 133

Lösung: a) = 1, b) = 3, c) = 4, d) = 2, e) = 6

Bedenken Sie:

Noch einmal: Solche Begriffe müssen sitzen, sonst müssen Sie das Lehrbuch zum Kapitel „Marketing" intensiv durcharbeiten.

Antwort 134

Lösung: a) = 2, b) = 4, c) = 3, d) = 1, e) = 5

Bedenken Sie:

Auch hier hilft Auswendiglernen! Gehen Sie davon aus, daß solche einfach erscheinenden Fragen die Basis für das Bestehen der Prüfung sein können.

Antwort 135

Lösung: a) = 4, b) = 2, c) = 3, d) = 1, e) = 4

Bedenken Sie:

Wenn Sie alle Instrumente richtig zugeordnet haben, kennen Sie die wichtigsten absatzpolitischen Instrumente.

Antwort 136

Lösung: a) = 3, b) = 2, c) = 1, d) = 2, e) = 1

Bedenken Sie:

Grundsätzlich gilt: Bei einer Verknappung steigt der Preis, bei einer Ausweitung des Angebotes sinkt der Preis. Wenn sich Sammler einschalten, wird der Preis wahrscheinlich sogar stark ansteigen.

Antwort 137

Lösung: a) = 1, b) = 2, c) = 2, d) = 3, e) = 3

Bedenken Sie:

Nicht ganz einfach. Hier müssen Sie Ihr Wissen von Produktionswirtschaft und Marketing einsetzen, um dann durch Nachdenken zur richtigen Lösung zu kommen.

Antwort 138

Lösung: d)

Bedenken Sie:

Eine Frachtbasis wird gewählt, wenn die Materialien aus unterschiedlichen Standorten angeliefert werden können, dies dient der Kalkulationssicherheit beim Kunden.

Antwort 139

Lösung: a) = 4, b) = 3, c) = 2, d) = 6, e) = 1

Bedenken Sie:

Nur zwei Beispiele: Markenartikelwerbung finden Sie täglich im Fernsehen, damit wird die größte Zielgruppe erreicht! Werbung für Luxusautos sieht man nirgendwo, dies geschieht u. a. durch Briefe von Anbietern, mit denen potentielle Kunden gezielt angesprochen werden.

Antwort 140

Lösung: d)

Bedenken Sie:

Tatsächlich ist nur d) richtig, die anderen Umschreibungen und Begriffe sind zwar auch richtig, gehören aber jeweils nicht zusammen.

Antwort 141

Lösung: d)

Bedenken Sie:

Warenschulden sind Holschulden, deshalb muß der Käufer die Transport- und Verpackungskosten tragen, wenn nichts anderes vereinbart ist: 300,00 DM + 25,00 DM + 16,50 DM = 341,50 DM. Übrigens: Geldschulden sind Bringschulden!

Antwort 142

Lösung: a) = 2, b) = 4, c) = 1, d) = 5, e) = 3

Bedenken Sie:

Nachgedacht oder auswendig gelernt? Wichtig ist aber, daß Sie die richtige Lösung jederzeit anbieten können.

Antwort 143

Lösung: a)

Bedenken Sie:

Achten Sie darauf, ob Sie auf, im oder von Hundert rechnen müssen! 145,00 DM minus 4,35 DM (3 % Skonto = 145,00 x 0,03) = 140,65 DM minus 7,96 DM (140,65 : 106 x 6) = 132,69 DM minus 22,12 DM (132,69 : 120 x 20) = 110,57 DM

Antwort 144

Lösung: a) = 1, b) = 2, c) =1, d) = 3, e) = 4

Bedenken Sie:

Wenn Sie gut abwägen, was ein Vorteil oder ein Nachteil der Zentralisation oder Dezentralisation ist, dann ist die Lösung einfach. Sie können aber auch noch einmal in Ihrem Organisationslehrbuch nachschlagen, da finden Sie weitere Hinweise zu diesem Thema.

Antwort 145

Lösung: c)

Bedenken Sie:

Auf den Verkaufspreis wird die Umsatzsteuer aufgeschlagen, also haben Sie bei einem Wert von 100 DM einen Aufschlag von 15 DM, also einen Gesamtwert von 115 DM. Sie kommen nur dann wieder auf 100 DM, wenn Sie Formel c) anwenden!

Antwort 146

Lösung: a) = 1, b) = 1, c) = 2, d) = 1, e) = 3

Bedenken Sie:

Selbst der Verkaufsdirektor eines Unternehmens gehört zum Vertriebssystem, und zwar zum werkseigenen!

Antwort 147

Lösung: a) = 1, b) = 2, c) = 3

Bedenken Sie:

Falls Sie diese Frage nicht richtig beantwortet haben, sollten Sie das entsprechende Kapitel in Ihrem Lehrbuch noch einmal durcharbeiten, die nächsten Fragen lösen sich damit auch leichter!

Antwort 148

Lösung: a) = 1, b) = 3, c) = 4, d) = 2

Bedenken Sie:

Definitionen müssen sitzen, das zeigt diese Aufgabe ganz deutlich!

Antwort 149

Lösung: c)

Bedenken Sie:

Da der Handelsmakler als Vermittler zwischen Käufer und Verkäufer steht, hat er eine neutrale Position zu wahren. Er erteilt deshalb praktisch als Protokollant die Schlußnote, die alle Vereinbarungen enthält. Nur zur Berichtigung: Ein Handelsmakler erhält Courtage, keine Provision, er hat auch kein Selbsteintrittsrecht und kein Pfandrecht, da er nur vermittelt. Schweige- und Treuepflicht entfällt, da er die Interessen beider Seiten wahrnehmen muß.

Antwort 150

Lösung: d)

Bedenken Sie:

Richtig, ein Kommissionär kann die Ware, die er nicht verkaufen kann, an den Lieferanten zurückgeben. Damit verbleibt das Risiko beim Lieferanten, andererseits kann der Lieferant dadurch (gerade bei neuen Produkten) neue Händler gewinnen, die ja kein Risiko einzugehen brauchen.

Antwort 151

Lösung: e)

Bedenken Sie:

Gesetze sind oft nicht so trocken, wie man zu wissen glaubt. Das HGB dürfte bei der Beantwortung geholfen haben. Aber auch das Lehrbuch sollte immer wieder einmal zu Rate gezogen werden.

Antwort 152

Lösung: a) = 7, b) = 8, c) = 9, d) = 2, e) = 1

Bedenken Sie:

Falls alles richtig ist (wenn Sie vorher das Lehrbuch durchgearbeitet haben, dürfte das der Fall sein), dann haben Sie sicherlich einiges in diesem Prüfungskapitel gelernt.

8. Personalwesen

Antwort 153

Lösung: a)

Bedenken Sie:

Grundsätzlich wird das Verhältnis zwischen Arbeitnehmern und Arbeitgebern im Arbeitsrecht geregelt.

Antwort 154

Lösung: b)

Bedenken Sie:

Arbeitgeber und Arbeitnehmer können zusammen nur Einzelarbeitsverträge abschließen. Bundesregierung, Wirtschaftsministerium und IHK müssen sich bei Tarifverhandlungen sogar neutral verhalten, also werden sie sich sicherlich nicht in die Verhandlungen einschalten.

Antwort 155

Lösung: c)

Bedenken Sie:

Mehr- und Nachtarbeit sowie Sozialzulagen sind Punkte, die grundsätzlich geregelt werden und für längere Zeit gelten sollen. Lohn- und Gehaltstarifverträge haben meist nur eine Laufzeit von einem oder zwei Jahren.

Antwort 156

Lösung: d)

Bedenken Sie:

Sozialversicherungsheft und Lohnsteuerkarte sind die beiden Dokumente, die Sie am ersten Arbeitstag abgeben mußten. Bewerbungsbrief, Lebenslauf, Foto und Zeugnisse haben Sie schon bei Ihrer Bewerbung dem Arbeitgeber übergeben.

Antwort 157

Lösung: b)

Bedenken Sie:

Der Betriebsrat muß in jedem Fall angehört werden, damit die Kündigung wirksam werden kann.

Antwort 158

Lösung: a)

Bedenken Sie:

Eventuelle Beanstandungen und gewerkschaftliche Tätigkeit gehören nicht in das Zeugnis hinein. Die Leistungen werden nur auf Wunsch des Arbeitnehmers in das Zeugnis aufgenommen, da dies aber allgemein üblich ist, werden Zeugnisse meist direkt als „qualifizierte Zeugnisse" ausgestellt.

Antwort 159

Lösung: b)

Bedenken Sie:

Beharrliche Arbeitsverweigerung ist einer der wenigen Gründe, die zur fristlosen Entlassung führen können.

Antwort 160

Lösung: e)

Bedenken Sie:

Wenn ein Arbeitnehmer z. B. seine Lohnsteuerkarte nicht vorlegen kann, wird er automatisch in Steuerklasse 6 besteuert, das ist die Steuerklasse mit dem höchsten Steuertarif. Aber auch der Nachweis der Sozialversicherung ist für den Arbeitnehmer wichtig. Das Ergebnis der Aufgabe kann deshalb nur e) lauten.

Antwort 161

Lösung: e)

Bedenken Sie:

Nur der Kaufmann selbst darf Steuererklärungen und Bilanzen unterschreiben. Wechselverbindlichkeiten darf ein Prokurist eingehen, nicht aber ein Handlungsbevollmächtigter. Mitarbeiter einstellen, Mahnbescheide beantragen und sogar Grundstücke kaufen dürfen nach dem Gesetz Prokuristen und Handlungsbevollmächtigte, meist ist das aber mit dem Arbeitsvertrag eingeschränkt.

Antwort 162

Lösung: a)

Bedenken Sie:

Nur der Betriebsrat kann die Interessen der Arbeitnehmer im Betrieb vertreten, das Gewerbeaufsichtsamt kontrolliert den gesamten Betrieb, die Gewerkschaften vertreten die Interessen der Arbeitnehmer z. B. bei Tarifverhandlungen, die IHK ist die Interessenvertretung der Unternehmen, und die Kammer für Handelssachen gehört zum Bereich der Judikative.

Antwort 163

Lösung: b)

Bedenken Sie:

Man geht allgemein davon aus, daß die Menschen heutzutage eine breite Grundausbildung erwerben müssen, damit sie darauf aufbauend die jeweiligen Spezialkenntnisse erlernen können.

Antwort 164

Lösung: e)

Bedenken Sie:

Die Berufsgenossenschaft ist Träger der Unfallversicherung. Ihre Leistungen sind Unfallverhütung, Rehabilitation und finanzielle Leistungen aus der Unfallversicherung. Wenn Sie es nicht gewußt haben, müssen Sie unbedingt noch einmal das Lehrbuch zu Rate ziehen!

Antwort 165

Lösung: c)

Bedenken Sie:

Nur das Gewerbeaufsichtsamt ist vom Gesetzgeber ermächtigt, eine regelmäßige Verlängerung der Arbeitszeit über 8 Stunden hinaus zu genehmigen. Natürlich wird in größeren Betrieben die Zustimmung des Betriebsrates erforderlich, aber dies allein reicht nicht aus, die „Öffentlichkeit", die von der Gewerbeaufsicht dargestellt wird, muß ebenfalls zustimmen.

Antwort 166

Lösung: a) = 3, b) = 2, c) = 1, e) = 4

Bedenken Sie:

Sie haben hoffentlich gleich erkannt, daß Lösung d) in Deutschland verboten ist. Falls Sie bei der Zuordnung Schwierigkeiten hatten, müssen Sie unbedingt das Lehrbuch noch einmal durcharbeiten.

9. Organisation und Führung

Antwort 167

Lösung: e)

Bedenken Sie:

Operations Research ist der Begriff, unter dem wissenschaftliche Methoden und Verfahren entwickelt werden, die zur Vorbereitung betrieblicher Entscheidungsprozesse dienen.

Antwort 168

Lösung: a) = 3, c) = 1, e) = 2

Bedenken Sie:

Sie haben hoffentlich erkannt, daß b) und d) auf keinen Fall für die Antwort in Frage kamen, sonst müssen Sie dringend das entsprechende Kapitel in Ihrem Lehrbuch nacharbeiten.

Antwort 169

Lösung: b)

Bedenken Sie:

Richtig, es ist die Beteiligung der Arbeitnehmer an der gesamtbetrieblichen Verantwortung, die von Betriebsrat und Unternehmensleitung angestrebt wird.

Antwort 170

Lösung: b)

Bedenken Sie:

Planung gehört zur Organisation, deshalb ist b) richtig. Falls Sie a) gewählt haben, dann erinnern Sie sich zwar richtigerweise an das ökonomische Prinzip, aber das war nicht gefragt.

Antwort 171

Lösung: b)

Bedenken Sie:

Den Umgang, den Menschen miteinander pflegen, diese zwischenmenschlichen Beziehungen nennt man „Betriebsklima". Natürlich beeinflußt auch die Raumtemperatur das Wohlbefinden des Menschen, aber diese Antwort umfaßt nicht die eigentliche Fragestellung.

Antwort 172

Lösung: a), b), e)

Bedenken Sie:

Wenn die Geschäftsleitung miteinander freundschaftlich umgeht, dann nützt das den Mitarbeitern wenig, es wird kaum zum gewünschten Ergebnis führen. Daß die Antwort d) nicht richtig ist, das war wohl hoffentlich eindeutig.

Antwort 173

Lösung: c), e)

Bedenken Sie:

Ob produktive oder weniger produktive Aufgaben wahrgenommen werden, kommt wirklich nicht beim Vergleich heraus, dafür müssen andere organisatorische Untersuchungen durchgeführt werden. Auch die tarifliche Einstufung muß auf andere Art und Weise festgestellt werden.

Antwort 174

Lösung: c)

Bedenken Sie:

Die Antwort b) bezieht sich auf das andere Prinzip, nämlich auf das Direktorialprinzip. Die anderen Antworten haben mit den genannten Führungsprinzipien nicht das geringste zu tun.

Antwort 175

Lösung: b)

Bedenken Sie:

Viele verstehen sich als Manager, aber es beschränkt sich doch auf die Antwort b), auch wenn in manchen Betrieben vermeintlich nur die Direktoren zum Management gehören. Die anderen Antworten sollten nicht ernsthaft in Frage gekommen sein, sonst müssen Sie wirklich das Lehrbuch zu diesem Kapitel einmal gründlich durcharbeiten.

Antwort 176

Lösung: b)

Bedenken Sie:

Hier wird eindeutig das Prinzip der Ausnahmeregelung bevorzugt. Mitarbeiter können in einem bestimmten Rahmen selbst entscheiden, bei Ausnahmen ist der Vorgesetzte zu fragen.

Antwort 177

Lösung: c)

Bedenken Sie:

Was bei a) vorgeschlagen wird, darf natürlich nicht vorkommen. Stäbe dienen ausschließlich zur Unterstützung der entsprechenden Linienstellen und werden meist zur Entlastung im oberen Management eingesetzt.

Antwort 178

Lösung: a) = 2, b) = 1, c) = 3, d) = 5, e) = 4

Bedenken Sie:

Wenn Sie falsche Zuordnungen vorgenommen haben, sollten Sie das Lehrbuch noch einmal durcharbeiten, anders bekommen Sie den Themenkreis nicht richtig in den Griff.

10. Geld und Zahlungsverkehr

Antwort 179

Lösung: d)

Bedenken Sie:

Die Ware wird dem Kunden übergeben, und im direkten Gegenzug erfolgt die Zahlung durch den Kunden, es besteht praktisch keine zeitliche Verzögerung zwischen Warenlieferung und Zahlung.

Antwort 180

Lösung: c)

Bedenken Sie:

Die Angabe der Rechnungsnummer und des Rechnungsdatums ist tatsächlich entbehrlich, denn oft wird ja ein Barverkauf quittiert, für den gar keine Rechnung vorliegt.

Antwort 181

Lösung: a)

Bedenken Sie:

Der Giroverkehr (giro = Kreis) dient der Abwicklung des gesamten bargeldlosen Zahlungsverkehrs zwischen den einzelnen Banken und Kreditinstituten. Und Sie haben vielleicht ein Girokonto eröffnet, das Ihren bargeldlosen Zahlungsverkehr abwickeln wird.

Antwort 182

Lösung: d)

Bedenken Sie:

„Sorten" sind Banknoten und Münzen, die auf ausländische Währung lauten. „Devisen" sind alle auf ausländische Währung lautende und im Ausland zahlbare Geldersatzmittel wie Schecks und Wechsel. Und Antwort c) wird Ihnen ja wohl hoffentlich auf Anhieb nicht richtig vorgekommen sein.

Antwort 183

Lösung: b)

Bedenken Sie:

Gerade um zu verhindern, daß ein Scheck als Kreditmittel benutzt wird, ist ein Scheck immer bei Sicht fällig, also immer dann, wenn er vorgezeigt wird.

Antwort 184

Lösung: b)

Bedenken Sie:

Die Vorlegefristen sind: 8 Tage, wenn der Scheck in Deutschland ausgestellt ist; 20 Tage, wenn er in einem europäischen Land oder einem Mittelmeerland ausgestellt ist; 70 Tage, wenn er in einem anderen Erdteil ausgestellt ist.

Antwort 185

Lösung: b)

Bedenken Sie:

Lösung a) würde für die Bank ein Risiko bedeuten, ebenso die Barauszahlung, denn der Scheck könnte nicht gedeckt sein. Weitergeben können Sie natürlich nicht nur Bar-, sondern auch Verrechnungsschecks, egal ob mit oder ohne Indossament.

Antwort 186

Lösung: d)

Bedenken Sie:

Natürlich wußten Sie, daß d) die einzig mögliche Antwort ist. Alle anderen Antwortvorschläge sind mehr oder weniger unsinnig. Falls Sie trotzdem eine falsche Antwort gegeben haben, sollten Sie unbedingt das Kapitel „Scheck" im Lehrbuch nacharbeiten.

Antwort 187

Lösung: c), d), e)

Bedenken Sie:

Die Lösungen a) und b) gehören zu den kaufmännischen Bestandteilen des Wechsels. Meistens hilft das Auswendiglernen der Bestandteile, damit man im Prüfungsfall die richtige Antwort weiß.

Antwort 188

Lösung: b)

Bedenken Sie:

Nach Artikel 3 des Wechselgesetzes bedeutet „Wechsel an eigene Order", daß der Aussteller sich selbst als Wechselnehmer bezeichnet. Formulierungen im Wechsel sind z. B. „Zahlen Sie an mich" oder „Zahlen Sie an mich selbst" oder gar „Zahlen Sie an eigene Order".

Antwort 189

Lösung: b)

Bedenken Sie:

Natürlich gehört „Geldersatzmittel" nicht dazu, denn dieser Begriff ist für die Zahlungsmittel vorgesehen, die nicht gesetzlich vorgeschrieben sind. Alle anderen Begriffe sind korrekt.

Antwort 190

Lösung: a), b), c)

Bedenken Sie:

Bargeld und Buchgeld zählen zu den gesetzlichen Zahlungsmitteln. Eine Zahlung mit Scheck, Wechsel, Kreditkarte muß kein Kaufmann hinnehmen, man spricht dann von Geldersatzmitteln, sie dienen zahlungshalber als Geldersatz.

Antwort 191

Lösung: c)

Bedenken Sie:

„Bequem – jederzeit – termingerecht – sicher" sind die Schlüsselworte für die richtige Lösung. Kostengünstig statt kostenintensiv wäre auch richtig gewesen, denn der Bargeldverkehr wird von den Banken recht intensiv mit Gebühren belegt.

Antwort 192

Lösung: b), c), e)

Bedenken Sie:

Bei der Zahlung mit Wertbrief und durch Boten benötigen beide Seiten kein Konto. Bei einer Zahlung mit Verrechnungsscheck und per BTX benötigen beide Seiten ein Konto.

11. Steuern

Antwort 193

Lösung: b), c), e)

Bedenken Sie:

Antwort b) ist falsch, weil Antwort d) richtig ist; für die Verbrauchsteuern sind die Hauptzollämter zuständig. Die OFDs aus c) sind sowohl Landes- als auch Bundesbehörden und beaufsichtigen die Finanz- und Zollämter. Wenn wie in Fall c) eine Zahlung nicht rechtzeitig erfolgt, dann wird ein Versäumniszuschlag erhoben. Bußgelder gibt es nur bei Ordnungswidrigkeiten, wie z. B. leichtfertiger Steuerverkürzung und Steuergefährdung.

Antwort 194

Lösung: a) = 6, b) = 5, c) = 1, d) = 3, e) = 4

Bedenken Sie:

Lesen Sie die Aufgaben und Funktionen der einzelnen Steuerarten gut durch, denn diese Aussagen können so auch in der mündlichen Prüfung erfragt werden.

Antwort 195

Lösung: a) = 1, b) = 3, c) = 2, d) = 2, e) = 3

Bedenken Sie:

Bei der Mineralölsteuer wird der Verbrauch besteuert. Bei der Börsenumsatzsteuer und der Grunderwerbsteuer wird der Kauf bzw. der Verkauf besteuert. Bei Grundsteuer und Körperschaftsteuer wird der Besitz versteuert.

Antwort 196

Lösung: a), b), c), d), e)

Bedenken Sie:

Hoffentlich haben Sie sich nicht in die Irre führen lassen. Tatsächlich sind alle Aussagen über die Gewerbesteuer richtig!

Antwort 197

Lösung: a), d)

Bedenken Sie:

Daß d) falsch ist, werden Sie hoffentlich direkt gemerkt haben; aber daß a) falsch ist, merkt man meistens erst auf den zweiten Blick. Natürlich muß die Berechnung „Mehrwertsteuer abzüglich Vorsteuer" heißen.

Antwort 198

Lösung: d), e)

Bedenken Sie:

Die Grundsteuer kommt der Gemeinde zugute und wird deshalb an sie abgeführt. Natürlich wird der Hebesatz deshalb auch von der Gemeinde festgelegt.

Antwort 199

Lösung: c), e)

Bedenken Sie:

Wenn Sie den Gesetzestext und das Lehrbuch durchgearbeitet haben, dürften die Antworten eigentlich problemlos möglich gewesen sein. Entweder c) oder e), alles andere wäre unsinnig gewesen. Die Aufhebung der Wahl zwischen getrennter oder gemeinsamer Veranlagung wird von Zeit zu Zeit zwar diskutiert, ist aber gesetzlich nicht verankert worden.

Antwort 200

Lösung: c)

Bedenken Sie:

Die Lohnsteuerkarte hat bei der Gewinnermittlung des Steuerpflichtigen nichts zu suchen, auf ihr trägt der Arbeitgeber dem Arbeitnehmer die erforderlichen Angaben ein, wie Dauer des Arbeitsverhältnisses, Bruttolohn, Abzüge.

Antwort 201

Lösung: a), d)

Bedenken Sie:

Die Lohnsteuerkarte wird von der zuständigen Gemeinde des Lohnsteuerpflichtigen ausgestellt, nicht vom Finanzamt. Und d) ist falsch, weil es sechs, nicht sieben Steuerklassen gibt!

Antwort 202

Lösung: d)

Bedenken Sie:

Der Staat erwartet, daß der Arbeitgeber die Steuerklasse nimmt, die zum höchsten Steuerabzug führt. Er geht davon aus, daß ein Steuerpflichtiger, der seine Lohnsteuerkarte nicht abgibt, sowieso in dieser Klasse versteuern müßte. Beim Lohnsteuerjahresausgleich erhält der Steuerpflichtige dann eventuell zuviel gezahlte Steuern zurück.

Antwort 203

Lösung: d)

Bedenken Sie:

Der Begriff Abgabenordnung klingt so harmlos, als Abkürzung AO ist sie aber häufig in Benutzung.

Antwort 204

Lösung: b)

Bedenken Sie:

Die Hauptzollämter sind Bundesbehörden, die für Zölle und Verbrauchsteuern zuständig sind. Die anderen Behörden sind Ländereinrichtungen; das Finanzgericht ist kein ausführendes Organ.